BERNARD LANGEROCK

TONGYUANJU

Leben und Arbeiten in einer Arbeitersiedlung in Chongqing, China

铜元局

伯纳德·朗格洛克

中国重庆一个工人社区的生活与工作

Dieses Buch erscheint anlässlich der Ausstellung TONGYUANJU,
die im LVR-Industriemuseum Oberhausen, St. Antony-Hütte/Museum Eisenheim,
vom 10. März bis 15. Oktober 2017 stattfindet.

值奥伯豪森莱茵景观联盟工业博物馆、艾森海姆圣安东尼炼铁厂博物馆
2017年3月10日至10月15日举办《铜元局》摄影作品展之际
印制出版本图册

DRACHENHAUS VERLAG

Inhalt

Seite 4

Vorwort

Dr. Walter Hauser

Seite 8

Das Projekt "Tongyuanju"

Seite 14

Der Stadtteil Tongyuanju

Seite 18

**Fotografien aus Tongyuanju
und Bewohnerzitate aus
der Arbeitersiedlung Eisenheim**

Seite 84

**Dokumentation der Fotoinstallation
„Cut Out Figures"**

Seite 100

**Neue Wege der Urbanisierung in China:
Reorganisation der urbanen Wohnviertel**

Professor Dr. Thomas Heberer

Seite 134

**Eisenheim – die älteste Arbeitersiedlung
im Ruhrgebiet**

Kornelia Panek

Seite 140

Biografie Bernard Langerock

Seite 144

Impressum

目录

第4页

序言

瓦尔特·豪泽博士

第8页

"铜元局"项目

第14页

铜元局

第18页

铜元局摄影作品
及艾森海姆工人社区居民语录

第84页

"被刻出的人形"图片艺术系列

第100页

中国城市化的新道路：城市居住区的重构

托马斯·海贝勒 教授

第134页

艾森海姆——鲁尔区最老的工人社区

科内莉亚·帕内克

第140页

伯纳德·朗格洛克简历

第144页

出版说明

Vorwort

Dr. Walter Hauser

Relikte der Industriekultur sind mehr als nur Erinnerungsorte und Zeugen einer industriell geprägten regionalen Identität. Sie erzählen die Geschichte der Industrialisierung, die von Anfang an eine genuin europäische und bald auch eine globale war. Dies gilt auch für die Standorte des LVR-Industriemuseums in Oberhausen: So kam der erste Kokskohlehochofen des Ruhrgebiets auf der St.-Antony-Hütte als „Schlesischer Ofen" ins Ruhrgebiet, und Arbeitersiedlungen wie Eisenheim, in denen die neuen Herren des Industriezeitalters ihre Belegschaften mit Wohnraum versorgten und gezielt an sich banden, finden sich in ähnlicher Form und Absicht in vielen Industrieregionen Europas und rund um den Globus. Tongyuanju im chinesischen Chongqing ist eine solche Siedlung, deren Schicksal der Düsseldorfer Fotograf Bernard Langerock mit seinen Arbeiten und dieser Publikation eindrücklich dokumentiert und die das LVR-Industriemuseum nun in einer Ausstellung des Künstlers auf der St-Antony-Hütte zeigt.

Gerade in diesen Zeiten lohnt es sich, an solchen Orten den Blick in die eigene lokale Vergangenheit mit einem offenen Blick in die Welt zu verbinden. Über so manche Länder- und Zeitgrenzen hinweg offenbaren sich erstaunliche Parallelitäten, und es zeigt sich, wie sehr strukturelle Entwicklungen und persönliche Erfahrungen der Menschen sich manchmal gleichen. Bernard Langerocks Fotografien sind ein Beispiel dafür, fangen sie doch Erfahrungen ein, die uns im Ruhrgebiet nur zu bekannt vorkommen: Wir nennen es „Strukturwandel", wobei das spröde Wort dem gleichermaßen schöpferischen wie zerstörerischen Furor der industriellen Moderne, der sich dahinter verbirgt, kaum gerecht wird. Im heutigen China lebt sich dieser Furor in noch ganz anderen Dimensionen aus, als wir das vom alten Europa und dessen größten industriellen Ballungszentrum kennen. Die Sprache des Künstlers vermag dies – in den Fotografien wie in der in die Ausstellung integrierten Fotoinstallation „Cut out Figures" – besser einzufangen.

Die Parallelen zu Eisenheim und anderen Werkssiedlungen im Ruhrgebiet sind offensichtlich: Wie einst das private Unternehmen Gutehoffnungshütte GHH (vormals JHH) für seine Hüttenarbeiter eine geschlossene Wohnkolonie von Werkswohnungen baute, so stellten im chinesischen System der staatlichen Betriebe die „Danwei" ihren Mitarbeitern Werkssiedlungen zur Verfügung, die ein hohes Maß an Identifikation mit dem Betrieb als sozialer Gemeinschaft, aber auch an sozialer und politischer Kontrolle schufen. Die Siedlung Eisenheim sollte in den 1970er Jahren – wie Tongyuanju Jahrzehnte später – einer radikalen städtebaulichen Modernisierung weichen. Der Abriss konnte dort, dank des Widerstands der Bewohner und einer starken bürgerschaftlichen Bewegung, quasi in letzter Sekunde verhindert werden.

序言
瓦尔特 · 豪泽博士

　　工业文化的遗迹不仅是一个个纪念场所，更是工业区身份的见证人，它们讲述着工业化的历史，一段始于欧洲并迅速发展至全球的历史。位于奥伯豪森的莱茵景观联盟工业博物馆就讲述着这样一段历史：在圣安东尼炼铁厂建起了鲁尔区第一座焦炭高炉，当时也被称为"西里西亚炉"；在像埃森海姆这样的工人社区里，工业时代的新贵们为其员工提供栖身之所，并有意让他们聚居于此。类似模式和意图在欧洲乃至全球的工业区比比皆是，中国重庆的铜元局就是这样一个社区。来自杜塞尔多夫的摄影师伯纳德 · 朗格洛克用其作品和这本图册深刻地记录了铜元局的命运，现在莱茵兰景观联盟工业博物馆就将在圣安东尼炼铁厂的一个艺术家作品展上将它们呈现出来。

　　恰恰是在当今时代，在这样一些地点，回顾本地过往的同时也放眼世界，是非常有意义的。突破某些地域和时空的限制往往会表现出惊人的平行性，社会结构发展以及人们的个人经验显得何其相似。伯纳德 · 朗格洛克的摄影作品就是例证，这些照片捕捉的瞬间对于我们鲁尔区的人来说，是再熟悉不过的了：我们称之为"结构转型"，可这个脆弱的词汇与隐藏在其背后的创造性和毁灭性兼备的工业现代化狂澜几乎完全不相匹配。当今的中国，这股狂澜以更大的规模席卷而来，远超我们在旧时代欧洲及其工业密集区对此的认知。在这些摄影作品和一同展出的"被刻出的人像"（Cut out Figures）艺术图片里，艺术家的语言似乎能更好地描述这一切。

　　铜元局和艾森海姆以及鲁尔区其他工人宿舍的相似性显而易见：同从前的私人企业好希望冶炼厂（GHH，原JHH）为其冶金工人建造的由员工宿舍构成的封闭居住区一样，在中国国企体制下"单位"也为自己的员工提供住宅区，一方面形成对企业作为福利共同体的高度认同，另一方面也实现社会和政治监督。埃森海姆社区本应在七十年代，像几十年后的铜元局一样，为迅猛的城市现代化建设让路，所幸在居民的反对和市民激烈的抗议活动下，拆迁在最后一刻被叫停。

　　当人们继续追寻这些足迹，总会遇到新的跨越大陆的关联。铜元局社区的设计源自俄国，在GHH公司的档案室里，我们发现了一系列完善的计划，1932年公司曾据此在中国实施过一个煤矿工人住宅

Man stößt, wenn man die Spuren weiterverfolgt, auf immer neue transkontinentale Verknüpfungen. So stammt der Entwurf für die Siedlung Tongyuanju aus Russland, und im Archiv der GHH stießen wir auf ausgearbeitete Pläne, nach denen das Unternehmen 1932 eine Kohlebergbau-Werkssiedlung in China projektierte. Der vorliegende Katalog und die Ausstellung im LVR-Industriemuseum machen einmal mehr bewusst, wie sehr der Schauplatz des Industriezeitalters ein globales Dorf war und ist – und das nicht erst seit gestern.

Bernard Langerock, der uns mit seinen Arbeiten die Augen für die nur scheinbar abseitig gelegene Welt von Tongyuanju öffnete, gilt zuallererst mein Dank für die Idee zu dieser Ausstellung und die gute Kooperation. Dem Konfuzius-Institut Metropole Ruhr danke ich für die großzügige Förderung des Vorhabens und dieser, die Ausstellung begleitenden Buchpublikation, dem Museumsteam des LVR-Industriemuseums um Kornelia Panek für die engagierte Umsetzung der Ausstellung.

Dr. Walter Hauser (geb. 1961) ist Direktor des LVR-Industriemuseums, des Landesmuseums für Industrie- und Sozialgeschichte im Rheinland. Er studierte Physik und Mathematik in Tübingen und Paris und promovierte mit einer Arbeit zur Wissenschaftsgeschichte der Frühen Neuzeit. Als Ausstellungs- und Museumsmacher war er im Gründungsteam des Heinz Nixdorf Museums Forums in Paderborn und im Kuratorenteam des Themenparks der Expo2000 in Hannover tätig, 1997-99 als Projektleiter der IBA-Endpräsentation „Sonne, Mond und Sterne. Kultur und Natur der Energie" (1999) auf der Kokerei Zollverein in Essen. 2004 bis 2009 war er Hauptabteilungsleiter am Deutschen Museum in München und leitet den Museumsverbund des LVR-Industriemuseums mit Zentrale in Oberhausen.

区项目。现存目录以及在莱茵景观联盟工业博物馆的展览让人再次意识到，工业时代世界就曾经是一个地球村，今天仍然如此——这一切并非始于昨日。

伯纳德·朗格洛克用他的作品让我们将目光投向铜元局那貌似偏远的世界。我首先要感谢他提出的举办此次展览的想法以及良好的合作，同时我要感谢鲁尔都市孔子学院对本项目、对展览配套图册出版计划的大力支持，并感谢以科内莉亚·帕内克为首的莱茵景观联盟工业博物馆团队积极落实布展工作。

瓦尔特·豪泽（出生于1961年），莱茵景观联盟工业博物馆集团主席、莱茵地区工业及社会史州立博物馆馆长，曾在图宾根、巴黎学习物理和数学，撰写关于近代早期科学史的博士论文，获博士学位。作为展览和博物馆策划人，他曾就职于帕德博恩海因茨•尼克斯多夫博物馆论坛创始团队以及2000年汉诺威世界博览会主题公园管理委员会。1997年至1999年任埃森市关税联盟任"太阳、月亮和星星——文化和能源世界"国际建筑展末轮展示项目（1999年）负责人。2004年至2009年在慕尼黑德意志博物馆任首席部门主管。自2009年起主持总部位于奥伯豪森的莱茵景观联盟工业博物馆集团的工作。

Das Projekt „Tongyuanju"

"铜元局"项目

Das Projekt „Tongyuanju"

Die Idee zum Projekt „Tongyuanju" ist im Rahmen eines Künstleraustausches zwischen den Städten Düsseldorf und Chongqing, an dem ich im Winter 2013/14 teilgenommen habe, entstanden.

Sofort bei meinem ersten Besuch der Arbeitersiedlung Tongyuanju im gleichnamigen Chongqinger Stadtteil ist mir aufgefallen, wie sehr die Atmosphäre dort der Atmosphäre in den Werkssiedlungen des Ruhrgebiets oder zum Beispiel auch der in der Glashüttensiedlung im Düsseldorfer Stadtteil Gerresheim glich, auch wenn zu diesem Zeitpunkt bereits Teile der Arbeitersiedlung und die Fabrikanlagen abgerissen waren.

Ich fühlte mich motiviert, die noch vorhandenen Bauwerke zu fotografieren und damit einen seinem Ende zugehenden Lebensraum aus der kollektivistischen Periode Chinas zu dokumentieren. Es faszinierte mich, das dort noch vorhandene individuelle Leben zu beobachten und festzuhalten und eine Präsentationsform zu finden, die es für sich selbst sprechen lässt, andererseits aber auch zu zeigen, dass Kunst dazu beitragen kann, das Bewusstsein für das kulturelle Erbe der jüngeren Vergangenheit zu wecken und es zu erweitern.

Das Projekt „Tongyuanju" hat sich dreiteilig entwickelt. Zunächst entstand von Dezember 2013 bis Januar 2014 eine fotografische Dokumentation der von mir vorgefundenen Situation. Im Juli 2015 konnte ich ein weiteres Mal Tongyuanju besuchen und den fortschreitenden Abriss der Werkswohnungen und die wachsende Neubebauung dokumentieren.

Als zweiter Teil des Projekts entstand Anfang 2014 die Fotoinstallation „Cut Out Figures", mit der ich mich an der Gruppenausstellung „Malaise dans l'esthétique" im Rahmen der lokalen Kunstinitiative „T1 Project Room" beteiligte. Sie fand in den Räumen einiger Werkswohnungen in Tongyuanju statt.

Der dritte Teil entsteht nun 2016/17 durch die Konzeption und Realisierung der Ausstellung „Tongyuanju – Leben und Arbeiten in einer Arbeitersiedlung in Chongqing, China" und des hier vorliegenden Fotobandes „Tongyuanju". Die Ausstellung wird vom 10. März bis zum 15. Oktober 2017 auf der St. Antony-Hütte/ Museum Eisenheim des LVR-Industriemuseums Oberhausen zu sehen sein. Sehr gerne würde ich die Ausstellung auch in China zeigen und hoffe sehr, dieses Vorhaben bald umsetzen zu können.

Die Ausstellung „Tongyuanju – Leben und Arbeiten in einer Arbeitersiedlung in Chongqing, China" schafft eine Verbindung zwischen zwei ehemals schwerindustriell geprägten Industrieregionen, die mehr als 8000 Kilometer Luftlinie voneinander entfernt liegen, zwischen zwei Arbeitersiedlungen, die in den Sog des Struk-

"铜元局"项目

　　"铜元局"项目构想源自于2013至2014年冬季我参加的杜塞尔多夫和重庆两市艺术家交流活动。我第一次参观"铜元局"这个位于重庆同名城区的工人住宅区时，便十分惊讶，那里的环境与鲁尔区诸多工厂小区以及杜塞尔多夫格勒斯海姆的玻璃厂生活区竟如此相似，尽管当时小区的一部分和厂区设备已被拆掉。

　　这促使我给那些现存的建筑和在那里生活的人们拍照，以此来记录这个即将走向终结的中国集体主义时代的生活区。观察并记录现在依旧生活在那里的人们，找到一种能够自我展示的记录方式，令我着迷；另一方面也想以此告诉大家，艺术有助于我们唤醒并扩展人们对近代文化遗产的认知。

　　"铜元局"项目分为三个部分：首先是2013年12月至2014年1月我用照片记录了那里的情况；2015年7月我得以再次参观铜元局，进一步观察并记录工厂小区的的拆除和重建

　　这个项目的第二部分是2014年初的"被刻出的人形"艺术图片创作。携此作品我参加了当地艺术倡议"T1 项目空间"框架下的"美学之病"群展活动。这次展出是在铜元局几套社区公寓的房间内举行的。

　　项目第三部分则是2016至2017年策划实施的"铜元局——中国重庆一个工人社区的生活与工作"摄影作品展和这本《铜元局》图册。此次展览将于2017年3月10日至2017年10月15日在圣安东尼炼铁厂/奥伯豪森莱茵景观联盟工业博物馆旗下的艾森海姆博物馆展出。我也有在中国办展的意愿，并希望这一计划早日实现。

　　"铜元局——中国重庆一个工人社区的生活与工作"这一展览在两个直线距离超过8000公里的曾经的重工业区之间、在两个深陷结构变革漩涡的工人住宅区之间、在重庆的铜元局和奥伯豪森的艾森海姆之间架起了一座桥梁，也展示了两者在建筑与社会生活空间的相似性。在挑选"铜元局"系列照片时，还结合了艾森海姆居民对他们自己生活区的看法，这些都是君特夫妇亚娜和罗兰德在20世纪70年代末前后收集的。通过这种方式，两个社区及其生活方式的相似之处得以凸显，尽管它们距离遥远、文化迥异。

turwandels gerieten, zwischen Tongyuanju in Chongqing und Eisenheim in Oberhausen, und zeigt Parallelen in der Architektur und im sozialen Lebensraum auf. Eine Auswahl der Fotografien der Fotoserie „Tongyuanju" wird kombiniert mit Äußerungen der Bewohner von Eisenheim zu ihrer eigenen Siedlung, wie sie von Janne und Roland Günter gegen Ende der neunzehnhundertsiebziger Jahre gesammelt worden sind. Auf diese Weise soll die Ähnlichkeit der Siedlungen und der Lebensform – jenseits und trotz aller kulturspezifischen Unterschiede – hervorgehoben werden.

Die oben bereits erwähnte Fotoinstallation „Cut Out Figures" bildet, in variierter Form, den zweiten Teil der Ausstellung auf der St. Antony-Hütte/Museum Eisenheim. Die beiden künstlerischen Auseinandersetzungen werden hier zum ersten Mal zusammen gezeigt.

Der Fotoband stellt eine Auswahl an Fotografien aus der Fotoserie „Tongyuanju" vor, ebenfalls in Verbindung mit Äußerungen der Eisenheim-Bewohner. Die Fotoinstallation „Cut Out Figures" wird anhand von Fotografien der ursprünglichen Fotoinstallation in Tongyuanju, Chongqing, gezeigt.

Das gesamte Projekt „Tongyuanju" ist im Zusammenhang eines weltweiten künstlerischen Austauschs zu sehen, der Kooperationen von Siedlungsbewohnern und Künstlern, Initiativen und Institutionen aus verschiedenen Ländern einschließt, und verweist auf die Bedeutung des Erhalts von kulturellem Erbe auch aus der jüngeren Vergangenheit. Im internationalen kulturellen Dialog lernen wir voneinander, die eigene Geschichte vor Ort nicht zu vergessen und sie zu würdigen.

Ich danke allen an diesem Vorhaben Beteiligten, den Bewohnern von Tongyuanju, die mich immer warmherzig aufgenommen und unterstützt haben, sowie dem Organhaus in Chongqing unter der Leitung von Herrn Yang Shu, der mich auf Tongyuanju aufmerksam gemacht hat. Mein Dank gilt dem Landschaftsverband Rheinland und insbesondere Herrn Dr. Hauser und Frau Kornelia Panek für das bereitwillige Eingehen auf meine Projektidee und die Möglichkeit, das Projekt Tongjuanju als Ausstellung auf der St. Antony-Hütte/Museum Eisenheim des LVR-Industriemuseums Oberhausen zu zeigen, dem Konfuziusinstitut Metropole Ruhr und dort insbesondere Frau Prof. Dr. LIU Liang, Herrn Prof. Dr. Thomas Heberer, Herrn Prof. Dr. Markus Taube und Frau Susanne Löhr für die großzügige Förderung, Herrn Prof. Dr. Thomas Heberer für den ausführlichen Beitrag zur Entwicklung des städtischen Raumes in China, Frau Janne Günter und Herrn Roland Günter für die Überlassung der Zitate aus Eisenheim sowie Frau Dr. Nora Frisch vom Drachenhaus Verlag für die Aufnahme des Fotobandes in ihr Verlagsprogramm.

Blick von Osten auf die Gerresheimer Glashütte, um 1905
1905年前后东眺格雷斯海姆玻璃工场

Straße in der Siedlung Eisenheim, um 1910
1910年前后艾森海姆居民区的街道

　　前面提到过的"被刻出的人形"艺术系列将以另一种面貌构成本次展览的第二部分、两轮艺术创作首次在此共同展出。

　　本图册呈现了从"铜元局"系列摄影作品中精选的大量照片、并以艾森海姆居民对自身居住区的看法作为配文。"被刻出的人形"图片艺术系列则以其最初在重庆铜元局的陈列形式为蓝本、同时在此展出。整个"铜元局"项目是一次世界范围内的艺术交流，它包含了社区居民和艺术家之间以及各国间议群体和机构之间的合作，同时也彰显了维护近代文化遗产的意义。如果我们不愿忘却当地的历史并懂得珍惜它们、国际性的文化对话可以让我们相互学习。

　　在此我要感谢参与这项计划的所有人：感谢铜元局居民的合作、热情和支持；感谢杨述先生领导下的重庆器空间国际艺术家工作坊、是杨先生令我关注到铜元局。同时还要感谢莱茵景观联盟，特别是豪泽博士和科内莉亚·帕内克对我这一想法的支持，使我可以在奥伯豪森莱茵景观联盟工业博物馆的圣安东尼炼铁厂/艾森海姆博物馆举办《铜元局》摄影作品展。此外、还要感谢鲁尔都市孔子学院、尤其是该院刘靓副教授、托马斯·海贝勒教授、马库斯·陶伯教授以及乐苏珊女士对此次活动的大力资助；感谢托马斯·海贝勒教授专门为本图册撰写关于中国城市发展的长文。我还要感谢亚娜·君特和罗兰德·君特提供的有关艾森海姆的文献、以及龙家出版社傅愉博士将本图册纳入其出版计划。

Der Stadtteil Tongyuanju

铜元局

Der Stadtteil Tongyuanju

Tongyuanju ist eine unmittelbar am Jangtse gelegene Arbeitersiedlung im gleichnamigen Stadtteil Chongqings. Er war seit Beginn des 20. Jahrhunderts über viele Jahrzehnte durch die Metallindustrie, insbesondere die Kupferindustrie, geprägt. In den fünfziger Jahren expandierten die neben einer Kupferhütte angesiedelten Fabriken zur Waffenproduktion stark und beschäftigten zeitweise bis zu 110 000 Arbeitskräfte. In den achtziger Jahren wurden dort zunehmend Komponenten für den zivilen Automobil- und Motorradbau gefertigt.

Ab Anfang der fünfziger Jahre wurden in unmittelbarer Nachbarschaft zu den Fabriken – zum Teil nach russischen Architekturplänen – Werkswohnungen gebaut, in denen bis zu 40 000 Menschen lebten. Die aus Backstein gemauerten Häuserzeilen boten Wohnraum für jeweils zwölf Familien. Sie haben zwei Geschosse und sind in Wohnungen, bestehend aus einem Wohn-Schlafraum von 16,9 bis 23,3 Quadratmetern und einer Küche von 9,34 Quadratmetern, unterteilt. Fließendes kaltes Wasser gibt es in der Küche und – im Erdgeschoss – zum Teil auch vor den Wohnungen. Die Toiletten sind in separaten eingeschossigen kleinen Gebäuden am Ende der Häuserzeilen untergebracht.

Um die Jahrtausendwende verlagerte sich die industrielle Produktion schrittweise an andere Standorte. Anfang 2000 kaufte ein Investor das Gebiet einschließlich der Arbeitersiedlung, um dort neue Wohnungen, Büroräume und Einkaufsmöglichkeiten zu bauen. Er zahlte der Stadtverwaltung Chongqings pro Haus eine Abfindung, mit der die Bewohner motiviert werden sollten, in andere Stadtteile umzuziehen. Ein großer Teil der ursprünglichen Bebauung war Ende 2013 bereits abgerissen, zu diesem Zeitpunkt lebten noch etwa 1000 Menschen in den verbliebenen Häusern, ein Straßenmarkt fand nach wie vor täglich in unmittelbarer Nähe der Siedlung statt.

Seit 2011 verbindet eine neue Brücke, die sowohl die neue Hochbahnlinie als auch den Straßenverkehr über den Jangtse führt, den Stadtteil Tongyuanju mit dem Stadtzentrum Chongqings. Der Umwandlungsprozess zu einem zentral gelegenen und daher begehrten Stadtviertel ist in vollem Gang.

铜元局

铜元局是重庆市同名城区一个坐落在长江边的工人住宅区。20世纪初起的几十年里,这一区域被深深烙上了金属工业,尤其是铜矿业的印记。50年代,建在炼铜厂周边的兵工厂积极扩张,某些时期雇佣的工人人数甚至达到11万之多,而80年代这里越来越多地开始生产民用汽车和摩托车的零部件。

50年代初期起,紧邻工厂建起了工人生活区,其中一部分还是依照前苏联的建筑方案修建而成,在此居住的人口多达4万。一排砖房可以安置12个家庭,这些两层楼的房子被分隔成一套套公寓,包括一间16.9到23.3平米的客卧两用房和一个9.34平米大的厨房。厨房里有自来水,也有部分一层住户家的自来水管安在门外。砖房尽头的独立小屋便是厕所。

世纪之交,工业制造业逐步迁至其他地方。2000年初,一位投资商购买了包括工人宿舍在内的这块地,为的是在此建造新的居住区、写字楼和购物中心,每栋楼他都向重庆市政府支付一定数额的补偿金,用于激励居民搬迁至其他城区。大部分旧建筑在2003年底就已经完成拆除,但那时仍有大约1000人住在老房子里,社区边上的自由市场每天照常开市,一如从前。

2011年起,一座承担着跨江交通线职能的新建高架桥将铜元局和重庆市中心联系起来,这一地区正迅速发展成为饱受青睐的中心城区。

Fotografien aus Tongyuanju
und Bewohnerzitate aus
der Arbeitersiedlung Eisenheim

铜元局摄影作品
与艾森海姆工人社区居民语录

Fotografien aus Tongyuanju und Bewohnerzitate aus der Arbeitersiedlung Eisenheim

Die Fotoserie umfasst etwa 200 Aufnahmen, die zwischen Dezember 2013 und Juli 2015 in Tonyuanyu, Chongqing, entstanden sind. Eine Auswahl der Fotografien wird kombiniert mit Äußerungen der Bewohner von Eisenheim zu ihrer eigenen Siedlung, wie sie von Janne und Roland Günter gegen Ende der neunzehnhundert-siebziger Jahre gesammelt worden sind. Auf diese Weise soll die Ähnlichkeit der Siedlungen und der Lebens-form – jenseits und trotz aller kulturspezifischen Unterschiede – hervorgehoben werden.

Die Fotografien dokumentieren eine traditionelle Arbeitersiedlung einer „Danwei", die sich in der Auflösungs-phase befindet. Unter einer „Danwei" versteht man ein staatliches Unternehmen, bei dem die Menschen in der Regel lebenslang beschäftigt sind und das für alle Lebensbereiche seiner Mitarbeiter zuständig ist.

Die Fotografien dokumentieren einerseits die Architektur der noch vorhandenen Wohngebäudezeilen, die da-zugehörigen sanitären Einrichtungen, die Gesundheitsstation, die Schule, den Gebetsort und den angrenzenden Straßenmarkt. Besondere Aufmerksamkeit richtete ich auf die Baumaterialien wie Backstein und Putz sowie Architekturdetails, wie Fliesen- und Glasmuster, bei denen sich Ähnlichkeiten zu den hiesigen Werkswohnun-gen zeigten. Darüber hinaus konnte ich den im vollen Gang befindlichen Abriss und den bereits begonnenen Neubau einiger Straßenzüge fotografieren. Die ehemaligen Fabrikgebäude waren bereits vollständig abgetragen.

Andererseits zeigen die Fotografien einige Bewohner Tongyuanjus, die nicht, wie viele andere, weggezogen waren, sondern seit dem Verkauf der Werkswohnungen im Jahr 2000 immer noch dort ausharrten: im alltäg-lichen Leben, im Gespräch miteinander, beim Schlachten, bei Reparaturarbeiten und bei der Kinderbetreuung. Auf weiteren Fotografien sind Innenansichten der Wohnungen samt ihrer Möblierung und alltägliche Ge-brauchsgegenstände zu sehen.

Quelle der Zitate:

Roland Günter und Janne Günter, Die Arbeitersiedlung Eisenheim in Oberhausen – die älteste Arbeitersiedlung im Ruhrgebiet, Rheinische Kunststätten, Heft 541, Köln, 2013
Janne Günter, Leben in Eisenheim – Arbeit, Kommunikation und Sozialisation in einer Arbeitersiedlung, Beltz Verlag, Weinheim/Basel, 1980

铜元局摄影作品与艾森海姆工人社区居民语录

　　该系列收录了约200幅2013年12月至2015年7月期间在重庆铜元局拍摄的照片。对作品的挑选结合了艾森海姆居民对自己生活区的看法，这些均由君特夫妇亚娜和罗兰德收集于20世纪70年代末前后。铜元局摄影作品是对艾森海姆居民语录的阐释，反之亦然，这两者具有互补性，在观众和读者处引发新的感受，这是一种相互影响，是一种语言与视觉反思的互动。通过这种方式，两个社区及其生活方式的相似之处得以凸显，尽管它们距离遥远、文化迥异。

　　这些照片记录了一处传统的正处于消亡状态的"单位"工人社区。所谓"单位"，通常是指一家国有企业，那里的职工往往一辈子供职于此，而企业也需要负起保障职工生活方方面面的职责。

　　一方面，展出的照片记录了现存的一排排居住楼以及小区内的卫生站、学校、祈福场所和周边的自由市场等配套设施。尤其引起我关注的是这里的建筑材料，如砖和泥灰，以及面砖和窗户上的花纹等建筑细节，它们和我们这儿的工厂住宅区十分相似。此外，我还对正在进行的拆除和已经开始新建的部分街区进行了拍摄。至于曾经的厂房，则已被全部拆除。

　　另一方面，这些照片还呈现了铜元局一些留守居民的面貌，他们并未像许多其他人一样搬离这里，自2000年厂区公寓被出售以来，他们一直坚持居住于此。我的照片记录了他们的日常生活和交往、杀鸡宰羊、修修补补、照顾孩童等场景；在另一组照片中则可以看到他们住房的内景、家具陈设以及日常生活用品。

引用语录来源：

《奥伯豪森的艾森海姆工人社区 ——鲁尔区最老的工人社区》，罗兰德·君特、亚娜·君特，莱茵艺术馆，第541册，2013年

《艾森海姆的生活 ——工人社区的工作、交往与社会成长》，亚娜·君特，巴塞尔万海姆 贝尔茨出版社，1980年

„Die Wohnung war klein, daher wurde der Raum rund um das Haus intensiv als ‚grünes Zimmer' genutzt."

"公寓很小，因此房子周围的空间都作为'天然房间'
被充分利用起来。"

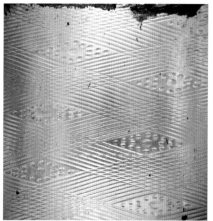
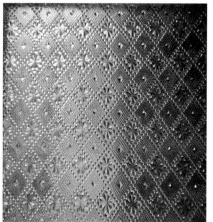

„Mit dem Schritt aus der Tür stand der Bewohner im öffentlichen Raum. Kein Vorgarten trennte das Private vom Öffentlichen – besonders wichtig für Kinder, Alte und für die Nachbarschaftsbildung."

"向门外跨一步，居民就站在公共区域了。没有前院来分隔私人和公共空间——对儿童、老人还有邻里关系的形成 其实尤其重要。"

„Es gab keine bürgerliche Privatheit. Weithin war alles halböffentlich, jeder wusste viel vom Anderen."

"没有个人隐私，所有一切都是半公开的，
每个人对别人都知之甚多。"

„Charakterischtisch (...) ist das außerordentlich sorgfältige Bauen mit Ziegeln."

„Die Türen und Fenster stehen vorzüglich proportioniert in der Wand – klassisch."

"要说特色（...)就是格外用心地用小方砖来完成建设。"

"门和窗都规整精致地嵌在墙里——完美。"

„Wir kennen uns schon so lange Jahre –
kommt der eine vorbei, kommt der andere vorbei."

"我们认识这么多年了——一个人走过，又一个人走过。"

„An der Trinkhalle trifft man sich häufig. Die Besitzer wissen vor allem sehr viel. Sie fungieren als Klatschtanten der Umgebung – nicht nur im negativen Sinn. Für die Fremden sind sie eine Art Auskunft im Wohnbereich."

"人们常常聚在冷饮摊边，主要是摊主们信息灵通，他们就是这一片区的饶舌妇——并不全是贬义。对新来的人而言，他们可谓是这片住宅区的问讯处。"

„An der Peripherie der Siedlung und in nächster Umgebung besteht ein reiches Angebot an verschiedenen Versorgungs- und Dienstleistungseinrichtungen: Lebensmittelläden, Spezialgeschäfte, Supermarkt und vor allem ,Büdchen' (Trinkhallen)."

"在社区周边和附近区域，各类后勤和服务设施应有尽有：
副食品店，专营店，超市，尤其是还有冷饮摊（饮料售卖亭）。"

„Die abendliche Unterhaltung (bis zum Aufkommen
des Fernsehens) fand auf der Bank vor der Tür statt.“

"晚间的娱乐活动（在电视流行之前）
都是在门前的长凳上。"

„Die Männer, die im Werk zusammen arbeiteten, hatten viel Gesprächsstoff. Es gab Tausch, vor allem mit Gemüse, Obst und Werkzeug."

"在工厂里一起上班的男人们总有许多可聊的事儿，还会相互交换东西，主要是蔬菜、水果和工具。"

„Ich will mal aufzählen, was ich hab: vier Stachelbeer-sträucher, ein schönes großes Stück Erdbeeren, dann hab ich zwei lange Reihen Spargel, frische Bohnen, ein Stück Stangen-bohnen, Kopfsalat, Suppengrün – wer hat das denn heute noch? Wir sind hier so glücklich."

"我来数数都有些啥：四丛醋栗，一大片漂亮的草莓地，还有两长畦芦笋，新鲜的豆角，一棵四季豆，生菜，也有胡萝卜、芹菜根啥的。现在谁还有这些？我们在这儿真开心。"

„Da kommt der eine oder andere schon mal:
‚Hast du 'nen Moment Zeit?' – Dann werden Reparaturen
gemacht."

"时不时就有这个或者那个来：'有空吗？'……
然后就干上修理的活儿了。"

„Die Straße ist ein Ort vielfältigen Lebens. Hier wird gearbeitet, beobachtet und miteinander geredet."

"马路是上演生活百态的地方，
人们在这里干活、观望、闲聊。"

„In der Siedlung halfen sich die Frauen untereinander,
auch die Kinder schufen Kontakte."

"社区里的妇女们互相帮助，孩子们之间也你来我往。"

„Viele menschliche Vorgänge finden auf dem Wohnweg
Öffentlichkeit.“

"许多生活琐事发生在住宅区的小径上。"

„Es ist mir ganz egal, was die Nachbarn sagen, ich tue doch, was ich für richtig halte."

"我才不管邻居们说什么呢，我只管做我觉得对的事！"

„Kreativität besteht nicht nur im Schaffen von neuen Dingen,
sondern im findigen Benutzen des Vorhandenen.“

"创新不一定仅仅指创造出新的事物，还在于
智慧地使用现有的东西。"

„Neben und hinter der Toilette wurde ein Schwein gehalten,
außen im Schweinekoben, und unter dem Dach Hühner
und Tauben."

"厕所旁边和后边养过一头猪；外面猪圈里、
房檐下有过鸡和鸽子。"

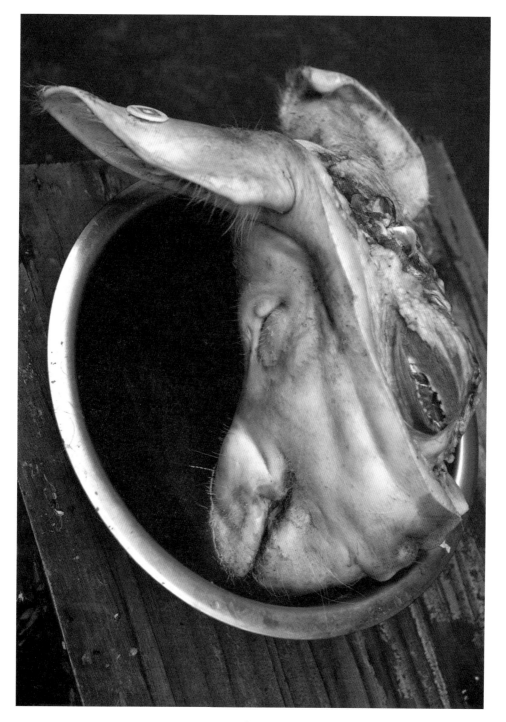

„Ich bin hier geboren. Ich bin hier groß geworden.
Das sind fast alles Bekannte.“

"我在这儿出生，我在这儿长大，
几乎所有一切都是熟悉的。"

„Oh, wir haben soviel gefeiert. Da haben wir die Groschen alle zusammengetan zum Trinken. Ja, und dann haben wir getanzt auf dem Hof.“

"哦，我们聚了那么多次！那会儿我们把所有的钱凑在一起买酒喝。是啊，然后就在院子跳了舞。"

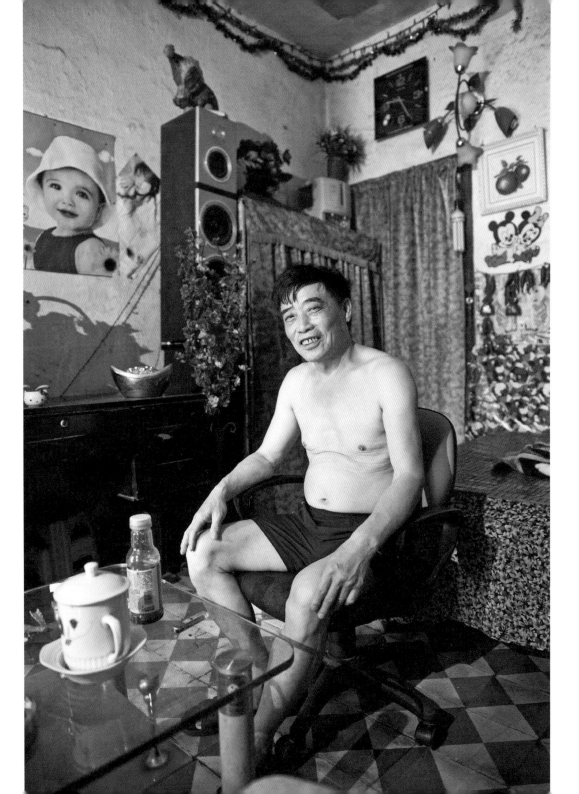

„Der Wohnweg als Treffpunkt aller Generationen:
Kinder, Jugendliche, Erwachsene und Rentner."

"住宅区内的小径是各年龄层居民的集会地：孩子、
青少年、成年人和退了休的人。"

„Gespräche. Sie beginnen bei den Kartoffeln und Tauben.
Und enden fast immer in der Politik.“

"闲谈。他们从土豆和鸽子开始，最后几乎
总在政治话题上结束。"

„Hier in der Kolonie, auf flachem Boden, kann ich meine Milch ans Fenster rausstellen. Ich kann meine Brötchen auf die Fensterbank legen. Da nimmt keiner was weg."

"在这片居住区，在这片平整的土地上，我可以把我的牛奶放在窗边，我可以把我的面包放在窗台上，没人会拿走什么。"

„Ganz Eisenheim ist ein großer Spielplatz –
von jeher so gewesen.“

"整个艾森海姆就是个大游乐园——一直都是。"

„Der Nachbar kommt und sagt:
‚Ich muß zum Arzt. Hier hast du den Schlüssel.
Setz dich doch mal zu meiner kranken Frau'.“

"邻居会过来说：'我要去看牙医了，钥匙给你，
去陪陪我生病的老婆。'"

„Schlicßlich erschien der Wahn einer hemmungslosen Modernisierung."

"最终人们幻想着无止境的现代化。"

„Nun wurden den Bewohnern andere Wohnungen empfohlen: in Hochhäusern. Eine ‚Ausfaulungsstrategie' begann, um die Siedlung für den Abriss zu ruinieren."

"现在有其他的公寓推荐给住户们：在高楼里。'降解战略'开始了，为了实施拆建计划而毁掉社区。"

Dokumentation
der Fotoinstallation
„Cut Out Figures"

"被刻出的人形"
图片艺术系列

Dokumentation der Fotoinstallation „Cut Out Figures"

Die Fotoinstallation "Cut Out Figures" umfasst 33 Fotografien, 59 aus den Fotografien ausgeschnittene Figuren, die auf Grillspießchen aufgesteckt sind, 5 Grillkörbchen eines chinesischen 'Street food'-Standes und einen zusammenklappbaren Behelfstisch. Sie war Teil der Gruppenausstellung „Malaise dans l'esthétique" innerhalb der Kunstinitiative „T1 Project Room" und fand am 16. Januar 2014 in einer nicht mehr bewohnten Werks-wohnung in Tongyuanju statt. „Cut Out Figures" ist hier anhand von Fotografien der ursprünglichen Fotoin-stallation in Tongyuanju dokumentiert.

Die Fotoinstallation macht deutlich, wie sehr Menschen, aus ihrem räumlichen Kontext gerissen, zu Ware werden, denn der Lebensraum des Menschen ist Teil seiner Identität. Wie die Zutaten an einem 'Street food'-Stand – zurechtgeschnitten und aufgespiesst, auf einem Tisch zur Auswahl aufgereiht und auf die weitere Zubereitung wartend – eine Situation, wie sie allabendlich auf den traditionellen 'Night markets' überall in China zu sehen sind – so sind die Menschen und ihre Haustiere aus den Fotografien ausgeschnitten, auf Spiesschen gesteckt und ausgelegt und harren ihrer weiteren Bestimmung. Dies ergibt ein Bild, das sich unschwer auf die Entwurzelung der Bewohner der Arbeitersiedlung Tongyuanju übertragen lässt.

"被刻出的人形"图片艺术系列

　　该艺术作品系列包括33幅照片、59个从照片中刻下别在烧烤签上的人物、5个中国路边摊的烧烤签以及一张简易折叠桌。此创作原为"T1项目空间"艺术倡议框架下的"美学之病"群展作品之一，2014年1月16日曾在铜元局一套无人居住的厂区公寓内展出。本册收录的照片呈现了"被刻出的人形"艺术作品系列在铜元局展出时的原状。

　　这组艺术创作让我们清楚地看到，被从生活场景中割裂出来的人是如何成为商品的，因为人的生活空间是其身份体现的一部分。就好比路边摊上的食材，切成小块，串成一串，陈列在桌上，供人挑选，再被加工——一个在中国传统夜市上随处可见的场景，而照片中的人和他们的宠物就是这样被剪切了出来，别在竹签上，放在那儿，等待着接下来的命运。这样的图景很容易就让人联想到铜元局社区居民们失去家园的命运。

Die Fotografien, aus denen die Menschen und Tiere herausgeschnitten worden sind, verweisen einerseits auf die Zerstörung des Lebensraums, die Konturen der ausgeschnittenen Figuren wirken anderseits aber auch wie Wunden und symbolisieren die Härte des Eingriffs in die individuelle Lebenssituation durch dermaßen radikale Urbanisierungs- und Umwandlungsprozesse.

Weitere Teilnehmer der Gruppenausstellung „Malaise dans l'esthétique" in Tongyuanju waren: Ali Yifan, Li Yong, Liu Weiwei, Qian Lili, Wang Jun, Wang Haichan, Yang Shu, Shan Yang, Yu Guo und Gabriele Horndasch. Die Gruppenausstellung wurde gefördert vom Organhaus, dem Studio ONE, Transnational Dialogues und Triangle Network.

Die Initiative „T1 Project Room" wurde von Herrn Wang Haichuan, Chongqing, und dem Leiter des Organhauses, Herrn Yang Shu, 2008 ins Leben gerufen. Sie hat wichtige künstlerische Impulse gegeben und Kontakte und Aktivitäten ermöglicht. Das Ziel der Initiative war es, Kunst nicht nur im „White Cube" sondern auch im sozialen Raum zu zeigen und damit einen Beitrag zur Überbrückung der Kluft zwischen Individuum und staatlichem Management zu leisten. Bis 2016 fanden in Tongyuanju zahlreiche Kunstaktionen statt.

那些被抠掉了人和动物的照片，一方面体现了人们的生活空间被破环，另一方面这些剪切轮廓看上去好似一个个"伤口"，象征着急速的城市化和转型过程介入个体生活所带来的尖锐问题。

参加"美学之病"群展的其他艺术家有：李一凡、李勇、刘伟伟、钱丽丽、王俊、王海川、杨述、山羊、余果和嘉布里尔·霍恩达施。此次群展览由器空间国际艺术家工作坊、Studio ONE Transnational Dialogues 和 Triangel Network 联合赞助。

"T1 项目空间"倡议由王海川、重庆市以及器空间国际艺术家工作坊负责人杨述在2008年共同发起，它不仅给予艺术家们重要的艺术灵感，同时也促成了他们之间的联系与合作。这次倡议的目的在于，让人们知道艺术不仅局限于"四面白墙的场馆"，也可以被呈现在社会生活环境中，从而有利于消除个人与国家管理之间的隔阂。至2016年，大量艺术活动在铜元局举行。

Neue Wege der Urbanisierung in China: Reorganisation der urbanen Wohnviertel

中国城市化的新道路：
城市居住区的重构

Neue Wege der Urbanisierung in China: Reorganisation der urbanen Wohnviertel

Professor Dr. Thomas Heberer

Urbanisierung ist Teil des allgemeinen Modernisierungsprozesses. Offiziellen Angaben zufolge leben gegenwärtig 56% der chinesischen Bevölkerung in städtischen Räumen. Diese Zahl umfasst jedoch nicht das große Heer von ländlichen „WanderarbeiterInnen" in den Städten, die nach wie vor als Landbewohner gezählt werden. Ein Großteil der jüngeren WanderarbeiterInnen plant indessen im urbanen Raum zu verbleiben, zumal der ländliche nur wenig Beschäftigungs- und Zukunftsmöglichkeiten bietet.
Die rasante Urbanisierung Chinas hat nicht nur eine Neuordnung der städtischen Verwaltungsorganisation mit sich gebracht, sondern auch eine Vielzahl von sozialen Problemen. Dieser Beitrag beschäftigt sich vornehmlich mit der Reorganisation der urbanen Wohnviertel sowie den sozialen Problemen und den Lösungsversuchen des chinesischen Staates. Er basiert auf intensiver Forschung des Verfassers in chinesischen Nachbarschaftsvierteln. Die Zitate aus Interviews entstammen dem Kontext dieser Forschung.

Von den traditionellen Einwohnerkomitees zu modernen Formen urbaner Gemeinwesen: Die Bildung von Nachbarschaftsvierteln (Shequ)

Ende der 1990er Jahre setzte in China eine Reform der Organisation städtischer Wohnviertel ein. Bestehende Viertel wurden in „Nachbarschaftsviertel" (*Shequ*) umgewandelt, wobei mehrere kleinere Viertel zu größeren zusammengefasst wurden. Damit sollte ein System reformiert werden, das Anfang der 1950er Jahre im Interesse der Lösung sozialer Probleme und politischer Kontrolle eingeführt worden war und sich organisatorisch auf „Straßenbüros" als unterster staatlicher Einheit sowie sogenannte „selbstverwaltete Einwohnerkomitees" und „Einwohnergruppen" stützte.
Der Begriff *Shequ* lässt sich am ehesten mit „Gemeinde" oder „Gemeinwesen" (oder dem englischen Begriff *community*) übersetzen und bezeichnet ein geographisch abgegrenztes Wohngebiet (eine Nachbarschaft), wobei intendiert ist, dass die Bewohner eine gemeinsame Identifikation in Bezug auf ihr Viertel entwickeln, gemeinsame Interessen und Bedürfnisse haben und formulieren, auf der Basis der Freiwilligkeit sich für die Umsetzung der Interessen und Bedürfnisse einsetzen und ein solidarisches und kooperatives Verhältnis zueinander entwickeln.
Das Konzept der Nachbarschaftviertels umfasst drei Inhalte: (a) einen *räumlichen* im Sinne einer verwaltungsmäßigen Untereinheit (in China als Selbstverwaltungsebene unterhalb der Straßenbüros klassifiziert) mit einer Einwohnerschaft zwischen 3.000 und 16.000 Personen; (b) einen *gesellschaftlichen* im Sinne von handelnden Menschen und sozialen Beziehungen in einem abgegrenzten Raum und (c) einen *normativen oder*

中国城市化的新道路：城市居住区的重构

托马斯·海贝勒 教授

城市化通常是现代化进程的一部分。据官方数据显示，目前中国已经有56%的人口生活在城市里。然而这个数字并不包括一大批生活在城市里的"农民工"，因为他们仍然被划归为农村人口。不过由于农村地区的就业和未来发展机会微少，所以大部分年轻的农民工还是打算继续留在城市生活。中国飞速的城市化进程虽然打造了城市治理组织的新秩序，但同时也引起了一系列的社会问题。本文主要围绕城市居住区的重构，以及中国政府在应对社会难题时所做出的一系列尝试进行讨论。笔者的论述是基于对中国社区的潜心研究而展开的，而文中所引之访谈内容均来自这项研究。

传统居民委员会的转型：记现代化集体组织形式"社区"的建立

上世纪九十年代末，中国开始改革城市居住区的组织形式。已成形的居住区被直接改为社区，而一些规模较小的居民区则是经过合并整合重组成了较大的社区。那么随之而变的就必须是它的组织体系，也就是原先的"居民自治委员会"和"居民小组"，这两种组织形式是在1950年代初开始推行的，它们的组织关系是依附在"街道"这个国家最基层的行政单位上的，当时的初衷是为了解决社会矛盾并且达成政治控制。

社区这个概念最早是翻译为社群或者共同体（或者是英语community的概念），它所指的是一个有一定地理范围的居住区域（社区），而生活在这个地域范围内的居民会建立起共同的身份认同，表达共同的利益和需求，在自由意志下参与并达成利益诉求，形成守望相助的团结关系。

社区的概念主要包含以下三方面内容：其一，它具有空间性的含义，代表行政管理的基层单位（属于街道办事处下级的自治行政层级），其居民人口一般在3000到16000之间；其二，它具有社群的含义，是指由人际交往和社会关系交织而成的一定范域；其三，它具有规范性的或者功能性的意义，也就是说，在社区内的这一部分居民可以一起商定目标，因为他们是近邻，有相互利益，也会互相监督。

funktionalen, d.h. eine Zielbestimmung im Sinne eines Bevölkerungssegments, das durch räumliche Nähe, gegenseitige Interessen und soziale Kontrolle gekennzeichnet ist. Das Organisationsgesetz für Einwohnerkomitees von 1989 weist diesen Komitees zwei große Aufgabenfelder zu: (1) Unterstützung der Regierung beim Schutz der gesellschaftlichen Stabilität und (2) Dienst- und Sozialleistungen für die Bewohner zur Verfügung zu stellen. Das Ministerium für Zivilverwaltung, das für den Aufbau der *Shequ* zuständig ist, formulierte fünf funktionelle Zielprioritäten, die den Nachbarschaftsvierteln zugrunde liegen sollen: a) auf Dienstleistungen für die Bewohner ausgerichtet; b) selbstverwaltete Gebilde; c) lernende *Shequ*; d) computerisierte und e) ökologische Nachbarschaftsviertel.

Allerdings gibt es lokal durchaus unterschiedliche Vorstellungen davon, was die Hauptaufgaben eines *Shequ* sein sollen. Die Spannbreite reicht von reinen Verwaltungs- und Kontrollaufgaben über Wohlfahrt, Sozialfürsorge, Geburtenplanung, Schaffung von Beschäftigungsmöglichkeiten, Sicherstellung hygienischer Verhältnisse, Organisierung von Freizeitaktivitäten und Einübung von Disziplin bis hin zu Formen politischer Teil-habe und Selbstverwaltung der Bewohner. Auch vor Gründung der Volksrepublik existierten schon Nachbarschaftsviertel moderner Prägung, die überwiegend auf Straßenzüge beschränkt waren. Freiwillige Organisationen waren für öffentliche Feste und Zeremonien zuständig, gemeinsame religiöse Vorstellungen verbanden die Bewohner und Nachbarschaften miteinander. Die Verehrung und Anbetung von Göttern war nicht nur individuelles Anliegen, sondern auch Grundlage von Identität stiftenden Gemeinschaftsaktivitäten, wobei die Gemeinschaft als solche die Götter um Schutz bat. Die Tempel in den Wohnvierteln, die von Tempelvereinigungen verwaltet wurden, fungierten als Gemeinschaftszentren und erfüllten zugleich Fürsorgeaufgaben. Darüber hinaus existierte ein gewisses Maß an Selbstverwaltung, das auch Aspekte wie Sauberkeit und Hygiene, Reparatur von Straßen und Wegen sowie Wohlfahrtsaufgaben umfasste. Bis zu Beginn des 20. Jhdts. besaß jedes Viertel einen Vorsteher, einen Straßenbeauftragten (zuständig für soziale Angelegenheiten) sowie einen Streifenpolizisten: Letzterer war für die öffentliche Sicherheit verantwortlich. Die Eingänge der Wohnviertel waren durch Tore gesichert, die nachts verschlossen und von Wächtern bewacht wurden. Diese wurden von den Viertel eingestellt und bezahlt. Die Bewohner eines solchen Viertels entwickelten eine gemeinsame Identität und betrachteten sich als „enge Nachbarn", die sich gegenseitig Beistand leisteten.

Urbanes Sozialmanagement und soziale Kontrolle nach 1949

Der Bürgerkrieg zwischen der Guomindang und der Kommunistischen Partei (KPCh) in den Jahren 1945-49 führte zum Zusammenbruch der Zivilverwaltung, zu Versorgungsmängeln, Inflation und Problemen der öffentlichen Sicherheit. Nach dem Sieg der KPCh 1949 wurden in den Städten neue Organisationsstrukturen geschaffen, die die dringendsten Probleme im Hinblick auf Versorgung und Wohlfahrt mindern helfen sollten. Ab 1951 wurden Einwohnerkomitees (fortan: EKs) gebildet, die der Aufsicht von „Straßenbüros" unterstanden. Die Leitungen der Straßenbüros wurden von den Stadtbezirksregierungen eingesetzt.

Das Zeichen für Abbruch

拆建标识

Es handelt sich von daher um staatlich beauftragte Vertretungsorgane unterhalb der Stadtbezirke. Die Organisationspolitik in den Städten nach 1949 zeichnete sich durch ein dreifaches Bemühen aus:

(1) Schaffung eines Netzes politischer Kontrolle (durch Straßenbüros und Einwohnerkomitees); (2) Nutzung des ökonomischen Potenzials der Stadtbevölkerung (z.B. durch Errichtung von Straßen- und Nachbarschaftsbetrieben) und (3) Etablierung fester Gemeinschaften mit Gemeinschaftsbindung und -bewusstsein ähnlich den Dörfern oder den *Danwei*, den Betriebseinheiten. Bei der *Danwei* handelte bzw. handelt es sich um staatliche Betriebe, bei denen die Menschen bis in die 1990er Jahre hinein in der Regel lebenslang beschäftigt waren und die für alle Lebensbereiche ihrer Mitglieder zuständig waren (dazu unten).

Den Straßenbüros und EKs oblag nicht nur die Aufgabe, zentral beschlossene Politik (wie z.B. die Massenkampagnen der Mao-Ära) in den Wohnvierteln umzusetzen, sie sollten sich auch um soziale Probleme und Problemgruppen (Arbeitslose, Rentner, Behinderte, entlassene Strafgefangene, usw.) kümmern. Sie errichteten Kindergärten, Gesundheitseinrichtungen und kleine Betriebe. Sie übten polizeiliche Hilfsfunktionen aus, wirkten als Melde- und Sozialämter. In Zeiten politischer Radikalisierung mutierten sie zu politischen und ideologischen Überwachungs- und Kontrollinstanzen.

Straßenbüros und EKs wurden vorrangig in Wohnvierteln gebildet, die keiner spezifischen *Danwei* unterstanden. Nicht in *Danwei* organisierte Personen sollten so in soziale Organisationsstrukturen eingebunden werden. Dabei handelte es sich primär um Familienangehörige von Personen, die in größeren *Danwei* beschäftigt waren, Beschäftigte in Kleinbetrieben, Rentner, Hausfrauen oder Arbeitslose. Personen, die keiner derartigen Organisation angehörten, beteiligten sich in der Regel nicht an den Aktivitäten im Wohnviertel, sondern an denen innerhalb ihrer Betriebe. Auf diese Weise waren die Stadtbewohner in ein zweigliedriges Organisationsnetz integriert: entweder in ihre Arbeits- oder in ihre Wohneinheit.

Erst mit dem *Großen Sprung nach Vorn* im Jahre 1958, mit dem, Mao zufolge, China in wenigen Jahren seine Industrialisierung zu erreichen suchte, rückte, neben politisch-ideologischen Zielsetzungen, die ökonomische Funktion der Wohnviertel in den Mittelpunkt. Vornehmlich Hausfrauen wurden über „Straßenfabriken" in den Produktionsprozess eingegliedert. Die Verbindung von sozialer Kontrolle und ökonomischer Produktion förderte die Idee, auch in den Städten Volkskommunen nach ländlichem Vorbild zu errichten, die alle Lebensbereiche (Arbeit, Leben, Politik, Bildung, Soziales, etc.) in kollektiver Weise miteinander verbinden sollten. Der entsprechende Versuch, 1958 in den Städten eine alternative Organisationsstruktur einzuführen, sogenannte „Stadtkommunen", scheiterte allerdings. Im Unterschied zu den EKs waren die Stadtkommunen gleichsam als sich selbst versorgende Einheiten konzipiert, die Wohn-, Produktions-, Bildungs- und militärische Funktionen miteinander verbinden und politische und soziale Mobilisierungsaufgaben übernehmen sollten. Das Experiment scheiterte indessen an den realen Bedingungen. Im Gegensatz zum ländlichen Raum gelang es nicht, eine Einheit zwischen Wohnen, Produktion und Verwaltung herzustel-

1989年颁布的《中华人民共和国城市居民委员会组织法》规定了居民委员会所需承担的两大工作领域：第一，协助政府维护社会稳定；其二，为居民提供公共服务和社会服务。社区建设主要由民政部负责，它对建设工作明确了五项目标原则：第一，以服务居民为主导；第二，（居民）自治的组织；第三，打造学习型社区；第四，推进社区信息化建设；第五、建设生态社区。

然而各个地方政府对于社区的主要任务有不同的解读。有些地方认为社区纯粹是负责管理和监管工作的，包括社会福利、社会保障、计划生育、劳动就业、公共卫生、组织活动、严明纪律等。而有些地方认为社区是政治参与的一种形式、是居民自治的一种形态。

其实早在新中国成立之前就已经有一些带有现代特征的社区了，只是那时候的社区很大程度上受到了道路街区的限制。当时有志愿团体组织公共的节庆和典礼活动，共同的宗教信仰把街坊邻里都聚集起来。敬拜神明不止是个人的事，更是集体募资活动的基础，大家会以集体的名义向神明祈求庇佑。一个居住区的祠堂由宗庙联盟管理，它们作为这个群体的中心，同时也承担着保障任务。当然其中也有一定的自主管理成分，比如清洁卫生、道路整修、社会福利等工作。直到二十世纪初，每个住区都还有一名保长，一名街道代表（负责社会事务），以及一名巡逻警察负责社会治安。每个社区入口都设有大门，到了晚上大门就会紧闭，由社区雇佣的门卫把守。在这类社区里生活的居民会培养出一种共同的身份认同感，他们是互帮互助的"街坊邻里"。

1949年之后的城市社会治理和社会监管

1945年到1949年的国共内战彻底粉碎了社会管理体系，导致了供给短缺、通货膨胀，以及公共安全等问题。到1949年战争胜利后，中国共产党便在城市里重新建立起了组织架构，从而缓解了供给和社会保障等燃眉之急。1951年起，居民委员会（以下简称：居委会）作为"街道"的下属机构正式成立。街道的领导层由城市的区政府任命，所以街道实际上是国家在市区以下设立的派出机构。1949年之后，政府对城市管理政策主要做出了以下三方面的努力：第一，（借由街道和居委会）布控了政治监控的网络；第二，发挥了城市人口的经济潜力（例如，成立街道和社区工厂）；第三，建立了与村庄、工作单位相类似的具有集体关联和集体意识的社群。单位是指国家性质的企业，一直到1990年代，单位还是保持与员工的终生雇佣关系，并且对员工生活的方方面面负责（见

len, etwa weil viele Bewohner außerhalb des Wohnviertels einer Beschäftigung nachgingen. Zudem fehlten die finanziellen Mittel für ein solches Unterfangen. Darüber hinaus gab es auch unter der Bevölkerung und selbst unter Funktionären latenten Widerstand gegen die weitere, forcierte Kollektivierung des Alltags- und Privatlebens. Während der Kulturrevolution entwickelten sich die Straßenbüros und EKs dann allerdings zu Keimzellen eines totalitären Regimes.

Die Rolle der Danwei

In der Volksrepublik war es über die Jahrzehnte hinweg die „Einheit" (*Danwei*), die Arbeits- oder Wohneinheit, der jemand angehörte, über die eine Person registriert, Kampagnen organisiert und so eine spezifische Art sozialer Kontrolle erreicht wurde. Auch wenn die Rolle der *Danwei* durch den Reformprozess signifikant abgenommen hat: Im Staatssektor ist das Leben der dort Beschäftigten zum Teil noch immer eng mit der *Danwei* verbunden. Dort ist sie noch die Grundform der sozialen Organisation, die Grundeinheit, der eine Person arbeits- und zum Teil noch wohnmäßig zugehört. Bei einer *Danwei* handelt es sich um den Betrieb oder die Behörde, in der jemand arbeitet, partiell das Wohnviertel, in dem jemand wohnt oder das Dorf. Eine *Danwei* lässt sich mit unseren Arbeitsstätten nicht vergleichen, da die jeweiligen Mitglieder viel enger mit ihr verflochten sind. Sie ist zugleich Lebensraum. Die Einheiten haben soziale Aufgaben und Pflichten (u.a. Sozialversicherung, Kindergärten, Gesundheitsversorgung, Wohnungszuteilung). Sie besitzen ferner die Aufgabe der Altersversorgung, des Aufbaus von Dienstleistungseinrichtungen oder der Bekämpfung der Arbeitslosigkeit. Sie legen die Löhne und Gehälter fest, ziehen Gewerkschaftsbeiträge ein, und stellen Bescheinigungen aller Art aus. Sie sind für die Geburtenplanung ihrer Mitglieder zuständig, schlichten familiäre Streitigkeiten, teilen die tägliche Arbeitsmenge zu, organisieren Sport- und Freizeitaktivitäten, wählen Personen für spezielle Ausbildungen aus und rekrutieren Parteimitglieder.

Eine gute *Danwei* gibt ihren Angehörigen das Gefühl sozialer Sicherheit. Bei Scheidungsfällen bemüht sie sich um Schlichtung, bei finanziellen Schwierigkeiten um finanzielle Hilfe, bei Erkrankung von Mitarbeitern um gute ärztliche Versorgung und um die Betreuung im Krankenhaus. Für ältere Unverheiratete sucht sie Ehepartner. Sie übernimmt damit die Rolle der zivilen Schiedsgerichtsbarkeit und der Ehevermittlung. Allerdings sind nicht alle *Danwei* gleichgestellt. Es gibt vielmehr eine feste Hierarchie (Staatsbetriebe sind höher zu verorten als Kollektiv- oder Privatbetriebe, nachgeordnete Behörden niedriger als höhere, größere bedeutender als kleine). Vom Platz in dieser Hierarchie hängen auch der jeweilige soziale Status der Beschäftigten oder die jeweilige politische, ökonomische und soziale Behandlung ab.

Jede Einheit führt eine Akte über ihre einzelnen Mitglieder, die die betreffende Person in der Regel nie zu Gesicht bekommt, deren Inhalt aber jederzeit gegen sie verwendet werden kann. Doch es wäre falsch, die Funktion der *Danwei* allein auf die eines Kontrollinstruments zu reduzieren, wenngleich sie in Zeiten politi-

后文详述）。街道和居委会不但要负责在社区内落实中央决定的政策（比如毛泽东时期开展的群众运动），他们还要负责应对社会问题和一些问题人群（如失业人群、退休人员、残疾人、刑满释放人员等）。他们还要负责建立幼儿园、卫生站和小型工厂。同时，街道和居委会也要处理居民户口登记和社会保障工作，履行一些辅助性的警务职能。

一般情况下，会优先在不隶属于某个单位的居住区建立街道办事处和居委会，这样一来那些没有单位编制的人员可以通过这种社会组织融合进来。这其中主要包括那些在大型单位工作的职工家属、小型企业的职工、退休人员、家庭妇女或者失业人员。那些不属于这个组织的人员一般不参加社区的活动，而是参与他们工作的企业的活动。通过这种方式，城市居民就融入了两张组织网际：要么是工作单位，要么是居住单位。

一直到1958年的大跃进时期，毛泽东提出了在几年内实现工业化的目标，于是社区在进行政治思想工作的同时，也逐渐将工作重心转移到社区经济建设中。首先，家庭妇女被分配到街道联办厂参加劳动生产。这种做法实际上把社会控制和经济生产结合到了一起，而其目的是要在城市里引入农村的组织范式——"人民公社"，把人民群众生活的各个方面（工作、生活、政治、教育、社交等等）以集体的方式组织起来。于是在1958年政府开始尝试建设城市人民公社的运动，不过这场运动以失败告终。与居委会不同的是，城市人民公社是作为自给自足的单位而存在的，它结合了生产、教育、军事等功能，同时还承担了政治动员和社会动员的工作。这项实试验的失败主要是归咎于当时的现实条件。城市跟农村不一样，是没办法建立起一个集生活、试生产和管理为一体的单位的，因为当时很多居民在社区以外的地方工作。而且，城市人民公社也缺乏资金来源。除此之外，在日常生活和私人生活被不断集体化的同时，人民群众乃至于官员群体中也出现了潜在的反对声音。文化大革命时期，街道办事处和居委会最终发展成为集权政权的胚芽。

单位的角色

中国过去有几十年的时间，每个人都有自己所属的"单位"，它既是工作也是居住单位，通过它人们可以进行登记、组织运动，在这种特殊方式下，单位实现了社会控制。即使改革开放的进程大大削弱了单位的作用，然而那些在国有企业工作的员工依然在生活上与"单位"紧密联系。所以"单

scher Radikalisierung (wie während der Kulturrevolution) primär als politisches Unterdrückungsinstrument eingesetzt wurde. *Danwei* haben nicht nur wichtige ökonomische, politische und soziale Funktionen, sondern auch eine patriarchalische. Sie stellen quasi eine Art Familienersatz dar. Zugleich geben sie ihren Mitgliedern einen sozialen Status und soziale Identität. Es ist gerade diese Verbindung von sozialen, politischen und Kontrollaufgaben, die die soziale Kontrollfunktion der *Danwei* ausmacht.

Neben der fachbezogenen und sozialen Zielsetzung hatte die *Danwei* politisch gesehen drei Grundfunktionen zu erfüllen:

- politische Sozialisation durch politisch-ideologische Schulung und Propaganda;
- Förderung der Teilnahme der Belegschaften am politischem Leben im Sinne aktueller Parteipolitik;
- politische Kontrolle ihrer Mitglieder.

Die *Danwei* hatte letztlich eine doppelte Funktion: Über sie kontrollierte der Parteistaat die Beschäftigten und zugleich führte er durch sie seine Politik durch. Zumindest bis in die 1980er Jahre hinein war eine Person, die einer *Danwei* zugewiesen war, dort lebenslang beschäftigt und untergebracht.

Danwei-Eigentum wurde das auch genannt oder „organisierte Abhängigkeit". Der Genuss materieller Vorteile und die Inanspruchnahme sozialer Wohlfahrtsdienste setzte allerdings konformes Verhalten der Mitglieder voraus. Wer sich abweichend verhielt, musste mit dem Entzug von Unterstützung rechnen und u.U. massive materielle Strafen oder Einbußen in Kauf nehmen. Ein Beispiel hierfür war die Geburtenkontrolle. Für Verstöße gegen das bis 2015 existierende Ein-Kind-Gebot wurden hohe Geldbußen verhängt und Benachteiligungen etwa bei der Versorgung mit Kindergartenplätzen oder mit Wohnraum vorgenommen. Die monopolistische Verfügungsgewalt über die materielle Versorgung ihrer Beschäftigten ermöglichte es der *Danwei*, das Verhalten der Beschäftigten in eine kontrollierte Richtung zu lenken.

Ein wesentlicher Grund für die Einrichtung von *Danwei* war die Notwendigkeit der Schaffung wohlfahrtstaatlicher Sicherheit in der Phase des frühen Industrialisierungs- und Entwicklungsprozesses nach Gründung der Volksrepublik. Es waren die Versorgungsschwierigkeiten von den 1950er bis in die frühen 80er Jahre hinein und die geringen staatlichen Finanzmittel, die den *Danwei* die Rolle zuwiesen, die Versorgung ihrer Mitglieder sicherzustellen und somit den Staat zu entlasten. Dies galt auch für die Beschäftigungspolitik. Die *Danwei* mussten planmäßig vorgegebene Zuweisungen neuer Arbeitskräfte akzeptieren und milderten auf diese Weise den Beschäftigungsdruck auf den Arbeitsmarkt. Die Vielfalt dieser Sozialaufgaben und die personelle Überfrachtung erzeugten einen enormen Druck auf die *Danwei* und bewirkten eine deutliche Verringerung der Effizienz. Vor allem in Produktionsbetrieben war ein unverhältnismäßig hoher Anteil von Beschäftigten mit entsprechender Verwaltungstätigkeit befasst. Dazu kamen gewaltige produktionsfremde Kosten, wie für Gesundheitsversorgung, Wohnungsbau und in wachsendem Maße für Altersversorgung. Die Auflösung der traditionellen Familienstrukturen bildete eine weitere wichtige Grundlage für

位"是社会组织的基础形式，也是一个人工作甚至是居住的基本单位。单位是指人们所从事工作的所在企业或者行政机关，有时候它还包含了一部分住区或者村落。单位无法跟德国的工作地点相提并论，因为单位和它的工作人员的联系更加紧密，它同时还是一个生活空间。单位承担着社会责任和义务（主要有社会保障、幼儿园、健康保健、住房分配等）。除此之外，它们还要负责养老保障、建设服务型机构或者解决失业问题。单位会规定员工的工资和薪水，收缴工会会费，可以开具各类证明。单位还要负责员工的计划生育工作、处理一些琐碎的家庭矛盾、分派每天的工作、组织体育活动和业余活动、选拔人员进行特别培训并招募党员。

一个好的单位可以给予员工社会安全感。夫妻闹离婚时，单位会帮忙劝和；家里有经济困难时，单位会提供经济援助；员工生病时，单位会找好的医生帮助治疗、在医院帮着照料；单位还会给年纪大的未婚员工介绍对象。可以说，单位是民间的裁判官和婚介所。不过，单位和单位之间也不尽相同，它们之间存在着一种固定的等级排位（国有企业比集体或者私企的级别高，排列靠后的机关单位比靠前的级别低，较大的单位比较小的单位级别高）。一个单位在这个等级制度中所处的位置直接关系到它的员工的社会地位或者说这些员工的政治、经济和社会待遇。

所有单位都会给员工建立个人档案，一般来说员工是永远看不到这份材料的，然而它的内容可能随时被人恶意利用而对员工产生负面影响。当然，我们不能狭隘地把单位视为控制工具，即便在政治极端化的情形下（如文革期间）它的确是主要的政治压制工具。单位不仅发挥着重要的经济、政治和社会功能，而且还扮演着"大家长"的角色。它可以说是类似"家庭"的替代形式，同时还给予"家庭成员"社会地位和社会身份。恰恰是这种社会、政治和监管责任的互相结合，才使得单位可以发挥其社会控制的功能。

单位除了要处理一些专门的社会工作外，还需要承担三方面政治功能：

- 通过对政治意识形态的教化和宣传推动政治社会化；
- 鼓励全体员工参加党员组织生活加深对党的政策的理解；
- 落实对单位员工的政治控制。

归根结底单位具有双重功能：党和国家通过单位控制员工，同时通过单位贯彻它的政策。一直到1980年代，当一个人被分配到一个单位，他基本上就一辈子在那里工作和生活了。这叫做"单位

die Entstehung des *Danwei-Systems*. Nach der Gründung der Volksrepublik strömten große Bevölkerungs-teile vom Land in die Städte bzw. von einer Provinz in andere Provinzen. An den neuen Wohn- und Tätig-keitsorten mussten sie ohne die Familienbande auskommen, die ihnen bisher Fürsorge und Geborgenheit gegeben hatten. Ein Rahmen für soziale Harmonie und politische Stabilität, um deren Herstellung der Staat traditionell bemüht war, wurde auch in der jungen Volksrepublik benötigt. Die Wohn- und Arbeitseinheiten übernahmen diese Funktion, nicht nur als Kontroll-, sondern auch als Sozial- und Fürsorgeinstanzen.

Auch die straffen, auf Selbständigkeit bedachten Organisationen in den von der KP China kontrollierten Gebieten und in der Roten Armee in den 1930er und 40er Jahren, bildeten die Vorläufer des *Danwei-Systems*. Alle Personen wurden bereits damals in Gruppen organisiert. Edgar Snow, ein amerikanischer Jour-nalist, der sich vor Gründung der Volksrepublik längere Zeit in Yan'an (dem Machtzentrum der KP vor 1949) aufgehalten hatte, schrieb, man habe versucht, jeden Mann, jede Frau und jedes Kind zum Mitglied irgend-einer Organisation zu machen und mit bestimmten Aufgaben zu betrauen. Durch die Verhältnisse ge-zwungen, sollte die damalige Notlage in den von der Partei beherrschten Gebieten durch Organisation der Selbstversorgung auf Gruppenbasis überwunden werden.

Maos Konzept der Organisierung der Massen im Interesse von Massenbewegungen sowie deren Lenkung und Kontrolle machten die Übernahme dieses militärischen Systems nach Gründung der Volksrepublik erforderlich. Die persönliche Initiative der einzelnen Mitarbeiter, effizienz- und gesellschaftsbezogenes Denken wurde dadurch abgewürgt. Es entstand eine Art „*Danwei-Egoismus*": Die jeweilige Einheit versuchte nach außen hin ihren Pflichten gegenüber Partei und Staat formal nachzukommen, stellte nach innen hin aber die Interessen ihrer Angehörigen bzw. der leitenden Funktionäre dieser *Danwei* in den Mittelpunkt. Die Reformprozesse haben die Rolle der *Danwei* grundsätzlich gemindert. Die Schließung vieler Staatsbetriebe, die Errichtung von Unternehmen mit ausländischem Kapital, die Rückkehr zu familiärer Bewirtschaftung auf dem Land und die Abschaffung der Großkollektive, das Anwachsen des privaten Sektors ohne *Danwei-Struk-turen*, die Abnahme direktiver Planungsvorgaben und die Zulassung neuer Beschäftigungskanäle haben sie deutlich geschwächt. Dies war auch deshalb notwendig, weil diese Strukturen Reformmaßnahmen behinder-ten und das herkömmliche System mit marktwirtschaftlichen Strukturen kaum mehr vereinbar war.

Reformnotwendigkeit der urbanen Wohnquartiere – die Ausdifferenzierung urbaner Wohnviertel

Die Wirtschaftsreformen, der sozioökonomische Wandel und damit verbunden wachsende soziale Mobilität, haben die Strukturen der Wohnviertel signifikant verändert. Traditionelle Gemeinschaften wie die *Danwei* zerfielen auf Grund von Betriebsschließungen oder Unternehmenszusammenbrüchen. Homogene Wohn-strukturen, basierend auf dem Zusammenleben der Beschäftigten eines Betriebes, lösten sich auf. Zudem bewirkte die Reform der Wohnungspolitik, dass Wohnungen an ihre Besitzer verkauft wurden.

财产"或者"组织依赖"。单位成员要享受物质上的优待和社会福利是有前提条件的：他们的行为必须合理统一。如果有人行为不端，那他就要做好失去单位资助的思想准备，在有些情况下，他甚至还会受到严重的物质处罚或损失。对计划生育的控制就是一个很好的例子。一旦发现违反独生子女政策的情况（直到2015年），夫妻双方就要面临高额罚款，在幼儿入托或者家庭住房分配方面都会吃亏。单位掌控着物质资源分配的垄断权力，因此他们可以借此把员工的行为引导到一个可控的方向。

　　建立单位制度的根本原因是由于建立国家福利保障制度的需要，因为当时新中国初建，国家尚处于早期的工业化发展阶段。1950年代直至1980年代初期，供应和保障困难重重，国家的经济资源匮乏，于是单位就承担起了职工的生活保障职责，从而减轻了国家的负担。同样的，单位对就业政策的贡献也是如此。单位必须接收计划分配的新进工人，以便缓解劳动力市场的就业压力。繁多的社会工作和超负荷的人员编制给单位造成了巨大的压力，并且导致了工作效率的明显降低。特别是在那些有生产任务的企业里，很大比例的职工却是在负责相关的管理工作。接踵而来的就是庞大的生产以外的花费，比如员工的健康保障、住房建设以及越来越多的养老保险。单位制度产生的另一个原因是传统的家庭结构的解体。在新中国成立后，有大量人口从农村涌入城市，或者在省际间流动。来到新的地方生活和工作，他们不能像从前那样得到家里的帮助和保障，必须一个人过活。中国历代政府在建国后都会不遗余力地创建一个社会和谐、政治稳定的大环境，而对于早期的新中国来说这项传统也是必不可少的。因此人们的居所和工作单位就起到了这种作用，它们不仅仅是监管单位，而且还是社会部门和救助机构。另外，在1930至1940年代，共产党控制区和红军内部就已经建立了一系列紧密而独立的组织机构，它们可以说是单位制度的雏形。当时的人们早已开始分组而治了。美国记者埃德加·斯诺曾经在延安（1949年以前中国共产党的权力中心）停留了较长的时间，他曾写道：无论男女老少，他们试图让每一个人都加入到一个组织去，并且分派给他们一定工作。在这种从属关系的推动下，以小组为基础的自给自足的组织方式中，人们才得以度过共产党控制区当时的艰难困境。

　　毛泽东理解的群众组织是以发动群众运动、引导和控制群众为目的的，那么在新中国成立后照搬这种部队的组织形式就是必不可少了。于是，职工的个人倡议、与效率和社会相关的想法都被抹杀了。那时形成了一种"单位私利主义"：即每一个单位对外都中规中矩地履行对党和国家的义务，但对内就把自己的亲信和领导的利益放在首位。改革开放的进程大大地削弱了单位的影响力，众多

Wohnungen, die *Danwei* gehörten, wurden zum Teil zu geringen Preisen an die Beschäftigten übergeben. Überdies entstanden neue Eigentumsviertel, deren Eigentümer sich aus Angehörigen ganz unterschiedlicher sozialer Gruppen zusammensetzen. Dazu kam die Veränderung der Sozialstruktur: der Abstieg ehemals privilegierter Gruppen (städtische Facharbeiter) und der Aufstieg neuer Eliten (Privatunternehmer, Professionals, neue Mittelklasse). Viele Wohnviertel sind deshalb sozial fragmentiert. Sie bestehen aus Teilvierteln, in denen zum Teil noch Angehörige bestehender oder ehemaliger Danwei wohnen, zugleich aber auch aus neu eingerichteten Eigentumswohnungen, die Angehörige der lokalen politischen oder ökonomischen Elite gekauft haben. Durch den Kauf bzw. Verkauf von Wohnraum und Wohnungswechsel hat sich die Zusammensetzung der Bewohnerschaft verändert. Händler, Handwerker und Unternehmer aus dem ländlichen Raum mieten oder kaufen sich ein, so dass ältere Wohnviertel mittlerer Qualität häufig ganz unterschiedliche soziale Gruppen beherbergen. Dazu kommt die Differenzierung und Polarisierung der Wohnquartiere. Neben einfachen Wohnvierteln findet man in den Städten immer mehr teure oder luxuriöse Wohnanlagen, sogenannten „*Gated Communities*". Diese sind durch hohe Mauern oder Zäune nach außen hin abgeschirmt, ihre Zugänge werden von privatem Sicherheitspersonal kontrolliert.

Unterscheiden müssen wir zudem zwischen unterschiedlichen Kategorien von Nachbarschaftsvierteln. Die vorherrschenden Typen sind a) ältere Wohnquartiere, die ehemals *Danwei* zugeordnet waren und in denen Arbeiter und Angestellte leben. Teilweise haben diese Mieter die Wohnungen kaufen müssen. Besserverdienende und Funktionäre sind häufig weggezogen. Der Anteil an Arbeitslosen und vorzeitig Verrenteten ist relativ hoch, viele Bewohner sind auf Unterstützung des EK angewiesen, etwa was Arbeitsbeschaffung oder Sozialhilfe anbelangt; b) neue Wohnquartiere mit hochwertigen Eigentumswohnungen, in denen Besserverdienende, meist mit höherem Bildungsstand, wohnen. Dort ist der Zugang per Eingangskontrolle strikt beschränkt. Die Bewohner sind in der Regel nicht auf das EK angewiesen und benötigen dessen Hilfe meist nur für die Ausstellung amtlicher Bescheinigungen. Wohnungsangelegenheiten werden dort durch die Hausverwaltungen erledigt, die Interessen der Eigentümer bei Eigentümerversammlungen vertreten. Allerdings gibt es Wohnviertel, die eine Mischung von a) und b) darstellen.

Unterschiede zwischen beiden Kategorien zeigen sich auch im Verhalten der Bewohner. Die Bewohner von a) kümmern sich primär um ihre existentiellen Probleme; das Interesse an der Teilnahme an sozialen oder politischen Aktivitäten im Viertel ist eher gering. Zugleich beteiligen sich mehr Menschen an den Aktivitäten im *Shequ*, allerdings weniger aus aktivem, eigenem Antrieb, als aus Gründen sozialer oder organisatorischer Abhängigkeit. Denn Parteimitglieder im Ruhestand und Sozialhilfeempfänger sind verpflichtet; regelmäßig an öffentlichen Aufgaben teilzunehmen (z.B. Reinigungs- oder Verschönerungsarbeiten, Kampagnen zum Lernen von *Lei Feng* – ein Mustersoldat der frühen 60er Jahre - etc.). Parteimitglieder haben Aufrufen zur Teilnahme zu folgen. Das verlangt die Parteidisziplin. Sozialhilfeempfänger wiederum sind auf Unterstützung

国有企业陆续关门，外资企业随之而起，家庭式的农业生产开始回归，大锅饭的集体形式被取消，私营经济以其独立于单位制度的形式不断壮大，计划经济的直接干预逐步减少，新型就业渠道也逐步开放，这一切都显著弱化了单位的地位。不过这也是必要的，因为单位的组织结构阻碍了改革的各项措施，而且这种组织体系本身就跟市场经济结构格格不入。

城市居住区改革的必要性——对城市社区的区分

随着市场经济改革、社会经济的变迁以及日益增长的社会流动，社区的结构发生了巨变。传统的群体组织，比如单位，都因为工厂关门或者企业倒闭而纷纷解散，从前那种依附于单位集体生活的单一结构随之瓦解。加上当时的住房改革政策要求出售公房，这项措施更是推动了社区结构的转型。一部分原先属于单位的公房以低价转售给了单位职工。这样一来，就形成了新的商品房居住区，它们的业主来自于完全不同的社会群体。

除此之外，当时的社会结构也产生了变化：原来的优势群体的地位开始减弱（比如城市的技术工人），而新兴的精英团体不断萌芽（例如私企老板、专业人士，新型中产阶级）。因此许多城市住区内出现了社会碎片化的现象。一部分房子还是原单位或者现单位的职工分配房，而另一部房子则是当地的政商精英购买所得的商品房。经过住房的买卖和置换，住区里的居民构成也就发生了转变。来自农村地区的生意人，手工业从业人员和企业家开始承租或者购买城市里的房子，于是城市里原来中等质量的住区里就住下了来自不同社会群体的居民。此外，城市的住区也逐渐开始分化和两极化。除了一些普通的住宅区，城市里涌现出了越来越多的豪华贵族小区，也就是常说的"门禁社区"，在这些小区外面都有高墙或护栏围住，入口处有小区保安监督保护。

另外，我们还要区分社区不同的种类。比较常见的社区种类有：1）老式小区。这些小区原来属于单位集体所有，由单位职工租住。一部分员工最后不得不把房子买下来。而那些收入较高的职工和单位领导多半都搬了出去。这些小区有较高比例的失业人员和提前退休人员，有人会提醒居民，在找工作和申请社会救助的时候到居委会去寻求帮助；2）新式小区。这些小区内建有高档的商品房，而里面居住的通常是收入较高的、学历较高的家庭。那些小区的入口都有严格的门禁和出入限制。住户通常不跟居委会产生交集，只有在需要出具官方证明的时候才去找居委会。物业公司负责小区内的房屋问题，而业主委员会代表全体业主权益。当然也有小区是结合了上述两种模式的。

der EKs angewiesen oder fühlen sich verpflichtet (bzw. halten es für ratsam), regelmäßig an solchen Aktivitäten teilzunehmen. Wer mehrfach fern bleibt, verliert nämlich seinen Anspruch auf Sozialhilfe. Diese Abhängigkeit verstärkt bei den Betroffenen die Einstellung, dass es sich bei den EKs um Regierungsorgane handelt. Bewohner von b) treten häufig selbstbewusster auf, fordern intensiver ihre Rechte ein und als Bewohner von a). Bildungsangebote stoßen hier auf größeres Interesse. Allerdings gibt es hier kaum Freiwillige, die Bewohner wollen nicht an öffentlichen Arbeiten und Aktivitäten teilnehmen. Zum einen bezahlen sie dafür ja die Hausverwaltungen (etwa für Sauberkeit und Reinigung), zum anderen gehören sie einer gehobenen Schicht an, die die Teilnahme an solchen Tätigkeiten aus Statusgründen grundsätzlich ablehnt. Selbst innerhalb einzelner Wohnquartiere existiert ein hohes Maß an Segregation und Polarisierung. In entwickelteren Regionen bestehen die *Shequ* partiell aus unterschiedlichen Teilquartieren mit Luxusappartments, solchen mit gehobenen Eigentumswohnungen, solchen mit einfachen Eigentumswohnungen und z.T. renovierungsbedürftigen Gebäuden, in denen Mitarbeiter staatlicher Betriebe wohnen. Diese Teilquartiere der Wohlhabenden sind aus Sicherheits- und Statusgründen durch hohe Zäune und Zugangsbarrieren von den einfachen Wohngebieten separiert, so dass sich unter den Bewohnern kaum eine gemeinsame Identität herausbilden kann.

Dabei geht die gegenwärtige Mobilität der Bevölkerung über soziale Mobilität (Veränderung des sozialen Status) hinaus. Sie umfasst zugleich geographisch-räumliche (Wohnsitzwechsel), Partnerschafts- (Trennungen, Scheidungen und neue Partnerschaften) sowie politische Mobilität (in Form von Alternativen für sozialen Aufstieg, der nichl mehr an die KP-Mitgliedschaft gebunden ist). Vor allem die räumliche, aber auch die soziale Mobilität bewirken, dass die Bewohner einander fremd werden und Nachbarschaftsbeziehungen eine immer geringere Rolle spielen.

Ein wohlhabender Wohnungseigentümer (Privatunternehmer) erklärte gegenüber dem Verfasser dieses Beitrags:

> Ob ich Kontakt zu meinen Nachbarn habe? Nein, ich kenne einige auf diesem Stockwerk vom Sehen. Ich möchte auch möglichst wenig mit den Nachbarn zu tun haben. Am besten konzentriert man sich auf seine eigene Familie und hält sich von den Nachbarn fern. So vermeidet man auch Probleme.

Dadurch verringert sich zugleich aber die Bereitschaft, sich für Gemeinschaftsbelange zu engagieren oder Mitbürgern zu helfen. Viele vom Autor interviewte Bürger beklagten entsprechend die Indifferenz anderer Menschen im Hinblick auf freiwilliges Engagement, Hilfsbedürftigkeit oder die Bedrohung durch Kriminalität. Zeichneten sich die traditionellen Wohnviertel durch ein hohes Maß an gemeinsamer Identität und Hilfsbereitschaft aus, weil sich die Bewohner aus Arbeits- und Wohnzusammenhängen kannten, so ist mittlerweile Anonymität in die Viertel eingekehrt. Viele Bewohner kennen höchstens noch ihre unmittelbaren Nachbarn, aber nicht mehr andere Bewohner ihres Viertels.

这两类小区的不同还体现在它们住户的行为区别。第一类小区的居民主要关心的是个人生计问题，参加社会或者政治活动的兴趣较低，更多的人会参与社区的活动，但往往不是主动参加的，而是出于社交或者组织依赖。因为退休党员和领取社保的人员有义务定期参与公共事务工作（比如，清洁美化工作；学雷锋活动，雷锋是60年代的军人模范）。党员根据党纪要求必须响应号召参与工作，而领取社保的居民则会收到居委会的提醒，或者他们自己觉得有义务（或者认为是对自己有益）而定期去参加这些活动。如果有人多次不去参加活动而远离组织，就会失去申请社会救助的资格。这种关联性进一步使受众群体确信居委会是政府机关。而第二类小区（新型小区）的居民与老式小区的居民相比，展现出了更大的自信，他们会更强烈地要求自己的权力。其中教育资源往往会触碰到居民的核心权益。不过在新型小区里几乎没有志愿者，居民们也不愿意参加公共服务和活动。究其原因，其一，居民已经为公共事务支付了物业管理费（比如小区的清洁工作）；其二，这些居民属于上层社会，他们从根本上拒绝参加这种与其社会身份不符的活动。

即便是在同一个住宅区里也存在着社群分隔和两极分化的现象。较发达地区的社区还可以分为几个不同的区块，其中一个区块是奢侈的高档公寓，另一个区块由高级商品房组成，还有一个区块则是由简易房和急需修缮的国企员工的单元楼组成。出于安全和社会地位等原因，那些比较富有的住宅区块会建隔离带，设置入口护栏，以此与那些普通的住宅区块分隔开，所以社区居民之间很难建立起一种共同的身份认同。同时，现在的人口流动远远超出了社会阶层流动（社会地位的转变）。人口的流动包含了地理空间的流动（如居住地的变更），生活伴侣的流动（如双方分手、夫妻离婚以及新组建伴侣关系），政治上的流动（社会地位上升的渠道有替代形势，已经不再和党员身份单一联系了）。尤其是受到地域空间流动的影响，当然也有社会阶层流动的因素，社区居民之间变得陌生，邻里关系已然不再重要。

一位生活富足的业主（私企老板）对笔者这样解释：

"问我是不是跟邻居有联系？没有，我只和我们这一层的几个人打过照面。我尽量避免跟邻居有太多接触。最好还是管好自己家里的事，跟邻居保持距离。这样也避免矛盾。"

这样一来邻里之间为集体服务，互帮互助的热情就减少了。笔者访谈过的许多居民反映，人们对于志愿服务，救助需求或者犯罪威胁都表现得很冷漠。在传统的社区里，居民互相之间由于生活和工作关系都彼此认识，因此有较强的共同身份认同和互帮互助的精神，而如今社区里的邻里关系渐渐地变得陌生。很多居民至多也就认识隔壁的邻居，但不认识社区里其他居民。

Die mangelnde Identifizierung der Bewohner mit diesen heterogenen Vierteln begünstigt das Anwachsen sozialer und psychischer Probleme. Vereinzelung, Selbstmorde, Drogenkonsum, Kriminalität, Gewalt in der Familie u.a. soziale Problemfelder haben in den letzten Jahren drastisch zugenommen. Der allgemeine Verfall bzw. Wandel traditionaler Werte begünstigt ebenfalls soziale Devianz.

Die traditionellen EKs, deren Reputation unter der Bevölkerung relativ gering war, und bei deren Mitarbeiter-Innen es sich überwiegend um ältere Personen (vornehmlich Rentnerinnen) mit geringem Bildungsgrad handelte, vermochten den neuen Anforderungen nicht mehr gerecht zu werden. Die Erodierung der *Danwei*-Strukturen, die Zunahme an temporärer Bevölkerung, das Anwachsen von Arbeitslosigkeit und städtischer Armut, sowie fehlende Organisationsstrukturen für die Privatwirtschaft, waren die wichtigsten Gründe. Dazu kamen der Zerfall von Familien (durch wachsende Scheidungsraten), sowie die Erodierung sozialer und öffentlicher Sicherheit. Bei den neuen Kräften in den EKs handelt es sich heute um jüngere Personen mit einem höheren Bildungsgrad, die zum Teil über Prüfungen ausgewählt worden sind und fachlich fortgebildet werden. Zudem sollen sie auch im Konfliktmanagement geschult werden.

Denn soziale Konflikte sollen mittlerweile direkt auf der Wohnviertelebene behandelt und gelöst werden, um den Staat zu entlasten und von höheren Organen kommende Beschlüsse für die Wohngemeinschaften akzeptabler zu machen. Zugleich wurden Aufgaben zur Verbesserung des Wohnumfeldes und der -infrastruktur, der Freizeitgestaltung und der sozialen Fürsorge auf diese Ebene verlagert. Dezentrale und kommunale Problemlösungen sind von daher auch als Beitrag zur Förderung von "*Good Governance*" (guter Regierungsführung) zu verstehen, wenn und insofern die Bevölkerung partizipativ stärker eingebunden wird und Ressourcen und Dienstleistungen bürgernah und bedarfsgerecht bereitgestellt werden.

Verwaltungsorganisation der Nachbarschaftsviertel

Geleitet werden die Wohnviertel von einem administrativen und operativen Organ, dem EK, das offiziell in direkter Wahl (von allen Bewohnern) oder indirekter Wahl (durch Vertreter der Bewohnerschaft) gewählt wird. Die EKs unterstehen den untersten staatlichen Einheiten, den Straßenbüros unter den Stadtbezirken. Das EK ist für eine Vielzahl von Aufgaben zuständig: Meldeämter, Sozialämter, Arbeitsämter, Rentenkassen, Alten- und Behindertenarbeit, Verwaltung von Arbeitsmigranten, Geburtenplanung, Bewährungshelfer, Führung von Personalakten, Hilfspolizei, Erhalt der Ausbau Infrastruktur, Propagandaarbeit, Organisierung von Freizeitaktivitäten, Kindertagesstätten, Umwelt und Hygiene. (Quelle: Eigene Untersuchung.)

Wir finden hier staatsnahe Sektoren, die zwar nicht zu den Grundaufgaben des Staates gehören, auch wenn der Staat hier eine gewisse Verantwortung besitzt und staatsferne (z.B. Organisierung von Freizeitaktivitäten), bürgernahe Dienstleistungen und kleinräumige Umwelt- und Infrastrukturgestaltung; soziale Aufgaben, Ordnungsfunktionen (polizeiähnliche Aufgaben, Meldewesen, dazu die Aufgabe der Verwaltung „Auswärtiger") kulturelle und propagandistische, sowie infrastrukturelle Tätigkeiten. In dem Maße, wie organisatorische

在这样异质化的社区里，居民之间缺乏身份认同，从而助长了社会和心理问题。独居、自杀、吸毒、犯罪、家庭暴力以及其他的社会问题在近几年里急剧增长。同时，传统价值观的崩塌和转型也同样造成了社会扭曲的局面。

传统的居委会在民众间的声望相对较低，那里的工作人员大部分是一些教育程度较低的老年人（主要是退休人员），但现在这些人的能力已经不足以应付新的工作需求了。而这最主要的原因是：单位结构的瓦解、暂住人口的增长、失业率的上升、城市贫穷以及私有经济领域组织架构的缺乏。另外，家庭分裂（不断增长的离婚率）和社会公共安全的衰败也是原因之一。现在居委会的新进员工都是年轻的高学历人员，他们中有一部分是通过考试选拔并且经过专业培训才入职的。除此之外，这些工作人员还要接受专门的冲突管理培训。

因为社会冲突越来越多地发生在社区里，当然也就要在社区这一层级解决，这样才能减轻政府负担，也好让上级部门颁布的社区建设决议有更高的接受度。另外，社区这一层级还要负责改善居住环境、加固基础建设、丰富业余生活，以及提升社会保障等工作。如果社区能让群众积极参与、紧密团结，以群众利益和需求为主，合理提供资源和服务，那么地方分权和基层就地解决问题也就是为推动"善治"而做出的努力。

社区的管理结构

居委会作为行政执行机关统一领导社区。居委会应该是正式通过直接选举（全体居民）或者间接选举（通过居民代表）民选出来的。居委会是最低层级的国家行政单位，它由街道办事处领导，街道办事处由市辖区领导。居委会需要对一系列的工作负责：户籍登记、社保、劳保、养老、敬老助残、管理农民工、监管计划生育、巡逻协管、个人档案记录、协警、基础设施维护和扩建、组织居民闲暇业余活动、幼儿园、环境和卫生（来源：笔者调研记录）。 以上罗列的各项工作有些是国家职能"相近"的，它们虽不属于国家的基本工作范畴，但是政府对此也负有一定责任；还有一些是国家职能"相远"的（如组织业余活动）；还有一些是贴近群众的服务和小范围的环境和基础建设、社会工作、秩序维护（类似警察的工作如户籍管理，另外还有"外事类"的管理工作），文化和宣传工作以及基建工作。通过把管理类的工作大量地从政府转移到市场中，国家试图将社会资源分摊到"社区自治"的

Aufgaben zunehmend vom Staat auf den Markt übergehen, versucht der Staat soziale Ressourcen auf die „Selbstverwaltungsebene" (*Shequ*) zu übertragen. Durch dieses *Outsourcing* wird auch der lokale Staat entlastet, der sich zunehmend vom Bereitsteller zum Verteiler von Ressourcen wandeln soll. Zugleich verändern sich die Anforderungen der Menschen an den „Staat": Er ist nicht mehr für alle sozialen Belange und Bereiche zuständig, die Angehörigen des Nachbarschaftsviertels sollen gemeinsam soziale Probleme in den Vierteln lösen. Der zum Teil noch geringe Lebensstandard erlaubt es indessen noch nicht, soziale Dienste vollständig dem Markt zu übertragen. Die Verlagerung auf die Wohnviertel bzw. die EKs trägt dazu bei, die Abhängigkeit der Menschen vom lokalen Staat zu verringern, ein wichtiger Faktor des sozialen Pluralisierungsprozesses. Allerdings fehlen in den Nachbarschaftsvierteln noch die Freiwilligen, die bereit wären, solche sozialen Aufgaben zu übernehmen. Entsprechend versucht der Staat, über die EKs Freiwillige zu „mobilisieren".

Ein zentrales Problem besteht allerdings in der mangelnden (freiwilligen) Beteiligung und dem fehlenden Interesse vieler Bewohner an der Arbeit der EKs. Li Fan vom World and China-Institute, einem Pekinger NGO-Beratungsinstitut für Basiswahlen, sieht die Hauptursache in den fehlenden demokratischen Instrumenten: „Nur, wenn es demokratische Wahlen und Strukturen gibt, haben die Bewohner ein Interesse an Partizipation". Der Wandel von traditionellen zu modernen EKs bewirkte auch eine Veränderung der Organisationsidentitäten. Die alten Komitees mit geringem Prestige wurden mittlerweile abgelöst von Komitees, die mit jungem, gut ausgebildetem Personal besetzt wurden. Deren Arbeitshaltung soll bürgernah und bürgerorientiert sein, damit die Bewohner dem EK Vertrauen entgegenbringen und sich die Identität mit dem Nachbarschaftsviertel auf Dauer stärken lässt.

Das EK des Shenzhener Fuhua-Viertels hatte am Eingang zu seinem Büro eine Liste von „Tabusätzen" aufgehängt, die EK-Mitglieder gegenüber Klienten nicht verwenden sollen und die als Ausdruck der Schaffung größerer Bürgernähe zu verstehen sind:

Ich weiß nicht, Das kann ich nicht machen, Nur langsam, Dafür bin ich nicht zuständig, Ich habe keine Zeit, Du fragst mich und wen soll ich fragen?, Hast du nicht bemerkt, dass ich beschäftigt bin?, Total doof, nicht einmal ein Formular kannst du ausfüllen!, Habe ich das nicht schon tausend Mal gesagt, was fragst du immer noch?, Ich habe bereits Feierabend!

So formalistisch diese Liste klingen mag, dahinter steckt der grundsätzliche Gedanke, dass sich die EK-Mitarbeiter mit den konkreten Fragen und Problemen in unbürokratischer Weise beschäftigen sollen, was in der Tat ein wichtiger Schritt in Richtung Akzeptanz und Vertrauen bei den Bewohnern darstellen würde. Auch das noch immer relativ geringe gesellschaftliche Prestige der EKs macht den EK-Mitgliedern zu schaffen.

行政层级。通过这种"责任外包"的形式，地方政府减轻了负担，从而逐渐从资源供给方转变为资源分配方。与此同时，人们对"国家"的要求也开始改变：国家已经不再负责社会领域及其相关事务了，而社区人员需要共同解决社区的问题。然而由于部分地区生活水平较低，还没办法完全将公共社会服务交由市场承担。政府把权责交托给社区和居委会承担，实际上减弱了居民对地方政府的依附性，这是社会两极化的一个重要因素。不过社区还缺乏主动承担社会工作的志愿者，所以相应地，政府就要通过居委会去发动志愿群众。

一个重要的问题在于社区居民缺乏主动志愿参加居委会工作的意愿。世界和中国研究所是北京的一个非政府智库机构，它致力于基层选举研究，其创办人李凡认为这个问题的根源在于社区缺乏民主参与的方式。他说："只有在社区里建立民主选举和民主架构，那么居民才会有参与的积极性。"居委会从传统形式转变到现代形式也意味着其组织认同的转变。从前声望较低的老式居委会已经解散，改由年轻的、受过良好教育的工作人员领导。他们必须秉持着走近群众，以群众为主的工作态度，才能赢得社区居民对居委会的信任，才能更长远地夯实居委会在社区的地位和形象。

深圳市福华居委会在他们办公室门口张贴了一幅"禁忌语录"，规定居委会工作人员不得对居民使用这些语句，这也是进一步落实贴近群众思想的具体表现，这个语录包括：

我不知道。

这个我没办法做。

慢慢来。

这不是我负责的。

我没时间。

你问我，我问谁？

没看见我忙着吗？

你傻啊，连一张表格都不会填！

我都已经说了一千遍了，你还要问什么？

我下班了。

Eine EK-Leiterin kleidete das in folgende Worte (mit denen sie zugleich ihre Selbstaufwertung dokumentiert):

Viele Leute sagen: Was ist an euch EK-Leiterinnen schon Besonderes? Ich brauche von euch nichts… Aber in der Realität stellt sich das ganz anders da. Wenn du geboren wirst oder stirbst, dann brauchen sie mich doch. Du brauchst eine Urkunde, bei Geburt und Tod! Ohne Totenschein kann man z.B. nicht verbrannt werden. Eben von daher bin ich doch etwas Besonderes, ich bin für euch zuständig. Auch wenn ihr mich geringschätzt. Zu allerletzt muss deine Sache doch über meinen Schreibtisch gehen.

Auch wenn die EK-Mitglieder mittlerweile gewählt werden müssen, Wahlen scheinen für die meisten Bewohner nicht sonderlich wichtig zu sein.

Eine 64jährige Rentnerin im *Yongfeng*-Viertel in der nordostchinesischen Industriestadt Shenyang erklärte:

Am wichtigsten ist die Auswahl der Leitperson [gemeint ist die Führungskraft des EK, Anm. T.H.]. Diese Person ist das Hauptkettenglied …Hat man eine gute Leitfigur ausgewählt, dann kann diese Gutes leisten, wenn nicht, wird die Arbeit des EK scheitern. Ist jedoch die Qualität der Leitperson zentral, dann sind Wahlen letztlich sekundär.

Ein 57jähriger Vizedirektor der Parteihochschule des Shenyanger *Dadong*-Bezirks, der im gleichen Viertel wohnte, meinte in ähnlicher Hinsicht:

Demokratie entsteht durch Leitfiguren. Das ist im Ausland nicht anders. Es muss jemanden geben, der Prestige besitzt und die Sache in die Hand nimmt. Irgendjemanden zu ernennen, ist keine besonders gute Idee. Wichtig ist, dass jemand die Interessen aller vertritt.

In den Vierteln mit Eigentumswohnungen haben sich Interessenvertretungen der Eigentümer etabliert. Sogenannte Eigentümerkomitees werden auf Eigentümerversammlungen eines Wohnbereichs gewählt und haben die Funktion eines Sprecherrats der Eigentümer.

Ein Mitglied eines solchen Komitees in der Stadt Chongqing erklärte:

Für Reparaturen im Viertel, für die Sicherstellung von Sauberkeit und öffentlicher Sicherheit hat das EK überhaupt kein Geld. Darum kümmert sich das Eigentümerkomitee. Das ist die wahre autonome Organisation hier. Unsere Probleme müssen wir Eigentümer selbst lösen. In der chinesischen Politik ist es wie beim Fußball: Du trittst mir eine, ich trete dir eine. Chinas größtes Problem sind die Beamten, die nichts tun. Sie erklären lauthals, dass sie dein Problem lösen und sie lösen es, indem sie es dem Papierkorb überantworten. Die größeren Betriebe verwenden einen bestimmten Prozentsatz ihres

可能这个语录非常形式主义，但这背后隐含的基本指导思想是，居会委干部在处理具体问题和具体矛盾的时候不能用官僚主义的那一套，这确实表现了居委会在提升居民接受度和信任度的过程中迈出了相当重要的一步。

另外，居委会现在的社会地位仍旧较低，这也导致了居委会干部工作困难。一位居委会领导是这样描述这个问题的（同时她也对自己作了评价）：

"很多人说：你们居委会领导有什么特别的？我根本不需要你们……但事实却恰恰相反。你生老病死，还是需要我的。你出生需要出生证明，死亡需要死亡证明。没有死亡证明是没办法火化的。所以这么说来，我还是有点特别的，我要向你们负责的，虽然你们觉得我不重要。再怎么样你的事情最后还是要在我的办公桌上处理。"

即使现在居委会的干部都要选举产生，但是居民好像并不把选举当一回事。一名来自东北工业城市沈阳永丰社区的64岁女性退休人员这么说：

"最重要的是选居委会的领导者【她指的是居委会的领导班子，笔者注】。领导是轴心……要是能选出一个好领导，那么他就能办好事，如果不能，居委会的工作就完了。如果领导者的素质是首要的，那么选举就是次要的了。"

沈阳市大东区党校57岁的副校长住在同一个社区，他也表达了类似的观点：

"有了领导人才有民主，在外国也一样的，必须先有一个有威望的人出来掌管一切。随便点一个人，不是一个好方法。重要的是，这个人能代表大家的利益"

在商品房组成的社区里，已经形成了业主利益的代表群体，即业主委员会，他们是社区业主集体选举产生的，主要职责是为所有业主发声。

一名来自重庆的业主委员会成员是这么说的：

"居委会根本没钱管社区的维修、保洁和公共安全，所以业主委员会要管。其实我们才是这里真正的自主组织，业主的问题由业主自己解决。中国的政治就跟踢皮球一样的：你踢给我，我踢给你。中国最大的问题就是那些公务员不作为。他们扯着嗓子保证帮你解决问题，转头就把问

Gewinns für die Wohngebiete ihrer Beschäftigten. Das kann das EK nicht …Wenn es Probleme im Haus gibt, wenden sich die Bewohner zunächst an das Eigentümerkomitee, obwohl das Einwohnerkomitee eigentlich die im Shequ wichtigste Organisation darstellt. Man könnte sagen, dass das Einwohnerkomitee der Vater ist, das Eigentümer-komitee der Sohn. Der Sohn muss traditionell auf den Vater hören. Wendet man sich an den Enkel [die Hausverwaltung, Anm. T. H.], löst man gar nichts.

Die in letzter Instanz bestimmende Organisation in den Wohnvierteln ist jedoch die Parteiorganisation, auch wenn sich das Gesetz über die Organisation der EKs von 1989 nicht explizit zur (Führungs-) Rolle der Patei äußert. Diese Führungsrolle drückt sich u.a. darin aus, dass in vielen *Shequ* Personalunion zwischen Parteisekretär(in) und Leiter(in) des EK und überwiegend auch zwischen den Mitgliedern des Parteikomitees und denen des EK besteht. Einmal soll auf diese Weise eine mögliche Konkurrenz zwischen zwei Amtsträgern verhindert werden; andererseits wären bei Existenz von zwei separierten Organisationen die Kosten zu hoch.

Die Parteisekretäre in den *Shequ* werden von den übergeordneten Straßenkomitees ernannt. Mittlerweile gibt es jedoch Modellversuche, die Sekretäre der *Shequ-Parteiorganisationen* durch die Parteimitglieder direkt wählen zu lassen. In den Parteiorganisationen in den Wohnvierteln werden primär solche Parteimitglieder organisiert, die keiner *Danwei* mehr angehören (Rentner, Arbeitslose, Privatwirtschaftende, Selbständige etc.) bzw. Personen von außerhalb, die – als Händler oder Handwerker – mittel- oder längerfristig in einem *Shequ* wohnen. Ab drei Parteimitgliedern muss eine Parteizelle gebildet werden. Die Organisierung von Parteimit-gliedern in den *Shequ* zielt auch darauf ab, neue Loyalität zur Partei in den Wohnvierteln zu generieren. Unter älteren Parteimitgliedern herrscht häufig Verbitterung über die Entwicklung der Partei.

Eine 58jährige Rentnerin (*Fuhua-Viertel* Shenzhen), früher Personalchefin in einem Staatsbetrieb, konstatierte:
Unsere Danwei organisiert jetzt nichts mehr für uns Rentner …Zwar gibt es formell noch Parteiaktitäten, aber insgesamt doch sehr wenige.Am 1. Juli [Parteigründungstag, Anm. T.H.] trifft man sich, trinkt Tee, und da werden einige herausragende Mitglieder ausgezeichnet. Seit letztem Frühjahr ist unsere Danwei ein Privat-unternehmen.Es gibt aber, glaube ich jedenfalls, noch ein Parteikomitee. Aber da tut sich nicht mehr viel …Einmal im Jahr zahle ich Mitgliedsbeitrag, das waren, solange ich berufstätig war, 5 Yuan im Monat, jetzt sind es 12 Yuan monatlich [1 Yuan entspricht derzeit 0,13]. Manche zahlen nicht mehr oder wollen austreten. Wir Alten hoffen, es möge noch Parteiaktivitäten geben. Aber die Leitungen sind zu sehr mit Geldverdienen beschäftigt, die haben für Parteiaktivitäten keine Zeit mehr. Heute kümmert sich jeder nur noch um sich selbst.

题丢给垃圾桶了。那些比较大的企业会拨一定百分比的盈利给员工居住的社区，居委会是不可能这样的……家里房子有问题了，居民第一个找的是业主委员会，虽然说居委会才是社区最重要的组织。我就这么说吧，居委会是老子，业主委员会是儿子。儿子照规矩要听老子的，你要是去找孙子【是指物业，笔者注】，那你什么都办不了。"

虽然1989年的居委会组织法没有明确提出党的领导地位，但其实社区里有决定性作用的机构还是党组织。党的领导地位主要表现是：许多社区里出现一人身兼数职的情况，党委书记兼任居委会主任，还有大部分情况下是党委委员同时也兼任居委干部。一方面要用这种方式减少两套班子之间的竞争；另一方面，也是考虑到一旦分为两套编制，人事花费会很高。

社区党委书记是由上级街道任命的，现在逐渐也有一些试点，通过党员直选社区党委书记。社区的党支部成员主要是那些不属于单位集体的党员（如退休人员、事业人员、私有经济从业人员、个体户等），还有那些外来的、会在社区里住一段时间的商人或手工业者。在有三个或三个以上党员的地方就要成立党支部。对社区党员进行组织管理的目的是要培养新型社区对党的忠诚。

老党员经常会抱怨党的发展。一名58岁的女性退休人员，来自深圳福华社区的前国企人事主任这么说：

"我们单位现在已经不给退休工人组织活动了……虽然还有正式的党组织活动，但是总的来说已经非常少了。七月一日【建党日，笔者注】那天大家会聚会喝茶，一些优秀党员会得到表彰。去年上半年开始，我们单位就是私营企业了。不过，我觉得肯定还是有一个党委的。但是他们不会做什么了……我每年都交一次党费，我还在工作的时候是五元一个月，现在是十二元一个月【1元大约等于0.13欧元】。有些人不想交党费或者想退党，我们这些老党员就希望还有党组织活动。但是领导层都忙着赚钱，没时间管党组织活动。现在每个人都只管自己。"

Relegitimierung der Parteiherrschaft mittels neuer sozialer Sicherungsformen: Nachbarschaftsviertel als Einrichtungen zur Verbesserung des Ansehens von Partei und Staat

Die Frage soziale Sicherung ist ein Kernpunkt urbaner Politik in China. Der ökonomische Umbau der Gesellschaft in Richtung Marktwirtschaft seit Anfang der 1980er Jahre hat zu einer Krise des Sozialsystems geführt und zugleich die ökonomische Absicherung von Risiken (z.B. von Arbeitslosigkeit, medizinischer oder Altersversorgung) notwendig gemacht. Ein nicht unerheblicher Teil der Staatsbetriebe wurde aufgelöst oder privatisiert, so dass die Gewährleistung medizinischer Versorgung und von Rentenleistungen nicht mehr sichergestellt war. Im Zuge der Reformen der Staatsbetriebe wurden zudem Millionen von Beschäftigten „freigesetzt". Die meisten verloren dadurch ihr soziales Sicherungsnetz. Dazu kommen der Wegfall von Arbeitsplätzen und Arbeitslosigkeit auf Grund von Stilllegungen und Personalabbau. Proteste gegen Betriebsschließungen, Entlassungen, der Zerfall des sozialen Netzes, Zahlungsunfähigkeit von Staatsunternehmen, als zu gering empfundene Abfindungen sowie Proteste gegen Funktionäre, die sich gleichzeitig an Staatseigentum bereichern oder Abfindungsgelder in die eigene Tasche stecken, weiteten sich in vielen Industriegebieten aus.

Eine 65jährige Rentnerin (frühere Fabrikarbeiterin, Parteimitglied, beide Kinder arbeitslos) aus Shenyang erklärte:
> *Als der Vorsitzende Mao noch gelebt hat, egal was damals sonst geschehen ist, da hatten alle etwas zu essen. Jetzt haben wir nichts mehr. Damals hatten alle Arbeit, egal ob wir viel oder wenig verdienten, wir hatten Sicherheit. Jetzt ist es so, wer viel verdient, besitzt viel, wer wenig verdient, hat nichts. Sich allein auf staatliche Hilfe verlassen? Die ist begrenzt. Damals gab es keine Sozialhilfe, da war aber das Essen gesichert. Heute geht es denen gut, denen es gut geht, den anderen schlecht …Unter Mao waren die Arbeiter die Vorhut, jetzt verdienen sie am wenigsten und haben nicht einmal mehr medizinische Versorgung… 30 Jahre Parteimitglied und kaum genug Rente zum Leben – so ist das heute!*

Vor allem für die sozial schwächeren Schichten stehen Fragen des sozialen Überlebens und der sozialen Sicherung im Mittelpunkt des Interesses. Die sozial stärkeren Schichten hingegen erwarten ein soziales Sicherungssystem, das ihnen – im Notfall – soziale Absicherung gewährleistet. Legitimität und Vertrauen dieser Bevölkerungsgruppen in das politische System verlangen die Einrichtung neuer Formen sozialer Sicherung und Wohlfahrt. Eine jüngere chinesische Untersuchung hat ergeben, dass die die Frage sozialer Sicherung für die absolute Mehrheit der befragten Bewohner von Nachbarschaftsvierteln oberste Priorität genießt. Und ein offizieller Untersuchungsbericht des chinesischen Staates bereits vor einigen Jahren darauf hingewiesen, dass die wachsende soziale Unsicherheit ein Kernfaktor für soziale Unruhen in den Städten sei. Die gegenwärtige politische Führung betrachtet die Sozialpolitik als einen entscheidenden Faktor für die Legitimität des politischen Systems sowie der Kommunistischen Partei. Eben von daher bemüht sie sich um die Einrichtung neuer sozialer Sicherungssysteme.

通过新的社会保障形式再度实现政权合法化——社区作为提升党和国家形象的机构

　　社会保障问题是中国城市政策的重中之重。从1980年开始，社会经济结构开始向市场经济模式转型，而这种转变引发了社会制度的危机，同时对于风险的经济保障也变得必不可少（比如失业、医疗或者养老）。有相当一部分的国有企业被解散或私有化，导致医疗服务和退休保障缺位。在国有企业改革的进程中有百万员工下岗，他们中的大部分因此而失去了社会保障网。除此之外，还有废除工作岗位的问题、因停产和裁员导致的失业现象。在很多工业区爆发了抗议活动，人们反对企业关门、裁员、福利保障网络瓦解、国有企业破产以及过少的员工遣散费；有些抗议活动是针对国企干部的，因为他们利用国家财产发家致富，有的还贪污安置和遣散费，把钱装入自己的腰包。

　　一名来自沈阳的65岁退休女工（退休前是工厂工人，党员，两个孩子失业）说道：

　　"毛主席还在的时候，不管发生什么，总还有些东西吃。现在我们什么也没有了。那个时候人人都有工作，不管赚得多少，总还有个保障。而现在，谁挣得多，有的也多，谁挣得少，就什么也没有。单靠国家救济？这是有限的。以前没有社会救济，但是吃饭还是有保障的。现在过得好的就好，其他人就不行了……毛主席在的时候工人阶级当家作主，现在工人赚得最少，而且还没有医疗保障……30年的党员，退休金还不够过活的——这就是现在的情况！"

　　尤其对于社会弱势群体来说，社会生存和社会保障是他们最关心的事情。而社会强势群体只是需要一个在他们生活出现危机时能及时援助的社会保障体系。要得到这部分群众的认同和信任就需要建立新的社会保障和福利形式。最近在中国的一项调查显示，绝大多数社区受访者将社会保障视为首要问题。而中国政府在几年前的一项官方调查报告早已指出，不断增长的社会不安全系数是造成城市社会混乱的主要因素。当今的政治领导层都把社会政策视作确保党和国家政治制度合法性的决定性因素。正因为如此国家正在致力于建立一套新的社会保障体系。

Nachbarschaftsviertel als neue Sozialinstitutionen

Das Anwachsen der genannten sozialen Probleme erforderte institutionelle Reformen. Da die Rolle der „Betriebseinheiten" (*Danwei*) immer mehr abnahm, beschloss der Staat, die Frage sozialer Sicherung dorthin zu verlagern, wo im städtischen Raum der größte Bedarf bestand: in die Wohnviertel hinein. Die Shequ sollen Hauptträger neuer Sicherungssysteme werden. Vor allem über Sozialhilfe sollen die städtischen Armen stärker abgesichert werden. Durch diese Maßnahmen erhofft sich der Staat einen Zuwachs an Legitimität und Vertrauen innerhalb der Bevölkerung. Die Nachbarschaftsviertel sollen dabei einerseits Sozial- und Dienstleistungen für die Bevölkerung bereitstellen, andererseits Vorsorge für zukünftige soziale Probleme treffen (wie die Überalterung und die Fürsorge für alleinstehende, kranke und ältere Menschen). Bereits vor einigen Jahren hat die Parteiführung dazu aufgerufen, die Frage der medizinischen Versorgung (bürgerferne Versorgung und zu hohe Kosten) durch Einrichtung von Gesundheitsstationen und Verträge mit Krankenhäusern, die die Versorgung in den Nachbarschaftsvierteln bürgernah gewährleisten sollen, auf der Ebene der Wohnviertel zu lösen. Landesweit soll ein medizinisches Netz in den Nachbarschaften errichtet werden. Ein Dokument der Zentralregierung forderte u.a. die Bereitstellung von Dienstleistungen im Hinblick auf Beschäftigung, soziale Sicherung, Sozialfürsorge, medizinische Versorgung, Geburtenplanung, Kultur, Bildung und Sport, Verwaltung der temporären Bevölkerung, öffentliche Sicherheit sowie die Bildung von Dienstleistungsvereinen und Freiwilligenvereinigungen der Bewohner als zentrale Aufgabenfelder. Diese Felder seien besonders wichtig, weil die Städte „Knotenpunkte sozialer Widersprüche seien". Zugleich wird betont, dass soziale Sicherung und Fürsorge nicht mehr nur eine Aufgabe des Staates darstellten. Dies sei auch die „Pflicht der Gesellschaft". Es bedürfe dazu eines „Unterstützungssystems", das auf Mitwirkung der Bewohner gegründet sei. Durch outsourcing von Aufgaben lasse sich auch die Finanzschwäche des lokalen Staates ausgleichen. In einer sich differenzierenden Gesellschaft wie China kann die Aufgabe sozialer Sicherung nicht mehr vom Staat alleine geleistet werden. Vielmehr erfordert dies eine größere Mitwirkung der Bevölkerung an öffentlichen sozialen Aufgaben. Von daher fördert der Staat in den letzten Jahren im urbanen Raum die soziale Partizipation seiner Bürger, d.h. deren Mitwirkung an der Lösung sozialer Aufgaben. Das Engagement der Bürger – so die Überlegung – trägt gleichzeitig zur Verbesserung der Qualität öffentlicher Dienstleistungen bei. Auf diese Weise erhöht sich auch die Zufriedenheit der Bürger mit dem Staat, weil private Dienstleistungen meist bürgernäher und effizienter geleistet werden können als staatlich organisierte. Letztlich trägt auch dies zur Erhöhung der Legitimität der Regierung bei.

Sozialhilfe als neues Sicherungssystem für die urbanen Armen

Sozialhilfe (Chinesisch ‚niedrigste Lebenssicherung') wurde 1993 erstmals probehalber in Shanghai eingeführt, 1999 per Dekret des Staatsrates im ganzen Land. Die wachsende städtische Armut war dabei ein

新的社会组织——社区

不断涌现的社会问题急需制度改革来解决。因为单位的角色正逐渐退出历史舞台，于是国家决定将解决社会保障的问题转嫁到保障需求最大的城市空间中去——那就是社区。城市社区于是就成了新的社会保障体系的主要承担者，特别是城市贫困人口需要得到更好的社会救济，政府希望通过这些措施来提升国家在人民群众心中的合法性和可信性。社区不仅要为居民提供社会和公共服务，同时还要为将来的社会问题提前做好保障（比如老龄化问题以及对独居的，体弱多病的老年人的照顾）。早在几年前党中央就呼吁在社区层面解决人民就医远、就医贵的问题，并提出在社区建立卫生站并与医院签订合作意向书的建议，力求在社区近距离地为居民提供医疗服务。这样的医疗网络应当在全国范围内铺开。国务院的一个相关文件规定了社区的主要职则责范围，它们是：提供就业、社会保障、社会救济、医疗、计划生育、文化、教育和体育等服务；流动人口管理；维护公共治安以及对社区服务团队和志愿者团体进行培训和教育等。这些职责范围是十分重要的，因为城市是"各种社会矛盾的结点"。文件同时还指出，社会保障和社会救济不单单是国家的工作，更是"全社会的义务"。社区应当建立一个有居民协作的互助体系。将这些工作事务外派给社区也可以弥补地方政府的资金短缺。在一个像中国一样不断分化的社会里，社会保障的工作已经不可能由国家一力承担了，更多的是需要人民群众积极地参与到公共社会事务中去。所以政府在近几年提出加大城市居民社会参与度的要求，也就是要求居民为解决社会问题做出努力。政府的这个考量还有希望通过居民的努力实现改善公共服务质量的目的。这种方式还可以提升市民对国家的满意度，因为与政府提供的服务相比，市场提供的服务往往更贴近客户，也更加有效率。最后，这种方式还能提升政府的合法性。

城市贫困人口的新型社会保障体系——最低生活保障

最低生活保障制度1993年首次在上海试验推行，1999年国务院下发通知要求全国推广。不断增长的城市贫困现象是颁布这项政策的主要原因，而低保制度应当确保有需要的城市居民获得最基本的生活保障。

低保金额的多少主要根据当地设立的贫困线而定，贫困线标准是按照人们维持基本生存如衣食住行，供暖和子女教育等所需的最低费用计算而得。如果城市居民收入低于当地贫困线的，就可以

wesentlicher Faktor für deren Einführung. Sozialhilfe soll bedürftigen Stadtbewohnern einen minimalen Lebensstandard garantieren. Kernpunkt für die Zahlung von Sozialhilfe oder dibao ist die lokal festgelegte Armutsgrenze, die u.a. im Hinblick auf die Kosten für notwendigste Nahrung und Bekleidung, Wohnung, Heizung und Ausbildung der Kinder kalkuliert wird. Stadtbewohner, deren Einkommen unterhalb der festgelegten Minimalgrenze liegt, können für sich und ihre Familienangehörigen bei dem für sie zuständigen EK einen Antrag auf Sozialhilfe stellen. Den EKs fällt dabei die Aufgabe zu, die Voraussetzungen dafür zu prüfen. Das Ergebnis leiten sie an die zuständigen Abteilungen der Straßenbüros weiter, die den Antrag erneut prüfen und ihn dann an das Amt für Zivilverwaltung des jeweiligen Stadtbezirks zur Entscheidung weiterreichen. Auch hier hat der Staat die eigentlich konflikthaften Aufgaben (Feststellung der Bedürftigkeit) an die Wohnviertel delegiert.

Von vielen Sozialhilfeempfängern wird der Bezug von Sozialhilfe als diskriminierend empfunden. Häufig wird von diesen beklagt, dass sie das niedrigste gesellschaftliche Prestige besäßen. Sie möchten lieber berufstätig sein und nicht dem Staat auf der Tasche liegen. Viele verschweigen aus Scham gegenüber Freunden und Bekannten, dass sie arbeitslos sind. SchülerInnen und Studierende fühlten sich besonders betroffen, weil die Eltern entweder die Schul- oder Hochschulgebühren für bessere Schulen nicht aufbringen, weil sie am sozialen Leben ihrer Mitschüler (Besuche von Diskotheken oder Restaurants) nicht teilnehmen können und kein Handy bzw. keinen PC besitzen.

Eine 16jährige Schülerin in einem Wohnviertel in Chongqing erklärte z.B.:

> *Ich besitze im Grunde nur sehr wenige Dinge. Ich würde z.B. gerne Klavier spielen, aber das bleibt ein Traum! Ich habe auch weder einen PC noch ein Handy. Wenn meine Klassenkameraden ausgehen, sage ich, ich hätte keine Zeit, denn dafür habe ich ja kein Geld. Unsere Wohnung, in der wir zu Dritt leben, hat gerade mal 9 qm. Die einzige Möglichkeit für mich ist, fleißig zu lernen und die Hoffnung auf ein künftig besseres Leben.*

Der Vater ergänzte:

> *Seit der Einführung von Sozialhilfe bin ich Sozialhilfeempfänger, denn ich bin ein kranker Mann. Wir können unserer Tochter auch nichts bieten. Weil sie kein Geld hat, geht sie nie aus dem Haus.*

Sozialhilfeempfänger (mit Ausnahme von Alten, Kranken und Behinderten) sind verpflichtet, regelmäßig an öffentlichen Arbeiten im Shequ teilzunehmen. Wer wiederholt unentschuldigt diesen Arbeitspflichten fernbleibt erhält keine Sozialhilfe mehr. Andererseits bringt die Teilnahme an sozialen Aktivitäten auch Vorteile. Bei Anträgen auf Sozialhilfe oder bei Anträgen auf soziale Unterstützung durch die Ämter für Zivilverwaltung weist das zuständige EK im Fall von Personen, die sich im Viertel engagieren, darauf hin, dass es sich um

在他所属的居委会申请家庭低保。居委会的任务就是审核申请人的申请条件。审核结果会递交到街道相关部门进行二次审核，然后再把材料转交到市区社保部门作出最终决定。而审核确认居民是否有低保需求，是一项容易引起冲突的工作，不过政府还是把这个充满冲突的工作派给了社区。

有很多受助对象因为领取低保而倍感歧视，他们时常埋怨自己是社会最底层的人，宁愿有份工作，而不愿意靠着国家养家糊口。很多人因为失业，在亲戚朋友面前感到很没面子。来自这些家庭的中小学生和大学生们对此感受尤为明显，因为他们的父母无法支付优质学校的高昂学费，而且他们也无法跟同学们一起参加社交活动（比如去舞厅或者饭店），这些学生更没有手机和电脑。

来自重庆某社区的一名16岁中学生在访谈中解释道：

"我基本上就没有多少东西。比如说我很想弹钢琴，但这只能是个梦！我既没有电脑也没有手机。如果我的同学出去玩，我就会说自己没有时间，事实上我是没钱出去玩。我们三个人住的房子一共也就9平方米。我唯一的机会就是努力学习，希望今后能改善生活。"

她的爸爸还补充道：

"自从开始推行低保制度，我就成了低保户，因为我是一个病人。我们根本没办法给女儿更多的东西。她因为没有钱，几乎不出门。"

低保户（老弱病残除外）都有义务定期参与社区公共服务工作，谁多次无故缺席工作就会取消低保资格。不过积极参加社会活动也是有好处的，在申请低保或者社会救助的时候，居委会会提醒上级主管部门申请人在社区积极努力，属于社区积极分子，要求在审批时适当"照顾"。对于失业人员来说，除了社会保障，最重要的就是再就业问题。失业人群对居委会和社区的信任主要取决于居委会在转岗培训或再就业过程中能够做出多大的努力。低保户的另一个重要问题就是住房。贫困家庭通常无力购房，也无力支付高价房租，所以他们就保不住自己的房子，也找不到新的住房。社会保障房制度的推出即是为了解决住房保障难题，不过这个项目才刚刚起步。

总体来说，居委会要把他们的工作当作社会保障部门的工作来做。在建立信任的同时，居委会更是为协理城市管理冲突、确保社会和政治稳定服务的。与此同时，不仅仅是居委会的基本职能转

Aktivisten handele, denen man etwas „zukommen" lassen solle. Für Arbeitslose ist neben sozialer Sicherung die Frage der Wiederbeschäftigung zentral. Vertrauen in das EK, und damit in das Shequ, wird bei diesem Personenkreis u.a. davon abhängig gemacht, ob und inwieweit es einem EK gelingt, zur Umschulung oder Wiederbeschäftigung beizutragen. Eine weitere zentrale Frage für Sozialhilfeempfänger ist die Wohnungsfrage. Ärmere Haushalte sind meist nicht in der Lage, Wohnungen zu kaufen oder höhere Mieten zu zahlen, so dass sie ihre Wohnungen verlieren bzw. keine neuen Wohnungen finden können. Ein soziales Wohnungsprogramm, das allerdings noch in den Kinderschuhen steckt, soll hier Abhilfe schaffen.

Insgesamt gesehen sollen die EKs die Aufgabe sozialer Sicherungsagenturen wahrnehmen. Über Vertrauensbildung hinaus dient ihre Tätigkeit auch dem Konfliktmanagement in der urbanen Gesellschaft und damit der gesellschaftlichen und politischen Stabilität. Zugleich aber hat sich dadurch die Grundfunktion nicht nur der EKs, sondern auch des Staates grundlegend gewandelt: von einer anordnenden und kontrollierenden Funktion hin zu einer serviceorientierten und sozial assistierenden Einrichtung. Die Macht des Parteistaates wird zunehmend durch Dienstleistungen legitimiert.

Soziale Sicherung ist gegenwärtig im urbanen Raum zentral für die Schaffung von Vertrauen in den Staat, Stabilisierung des politischen Systems und die Legitimierung der Parteiherrschaft. Weil ein soziales Netz und zivilgesellschaftliche Organisationen (z.B. NGOs) bislang aber weitgehend fehlen, bemüht sich der Staat um eine stärkere Verlagerung der Lösung sozialer Probleme in die Wohnviertel der Betroffenen. Legitimitäts- und Vertrauensbildung soll dort entwickelt werden, wo die Menschen leben, soll mit Bürgernähe verbunden werden. Dazu gehört auch, dass die EKs in die Lage versetzt werden, die Probleme der Menschen effektiv anzupacken und zu lösen. Die EKs sind mit dieser Aufgabe bislang weitgehend überfordert, so dass auf Dauer neue Instrumente sozialer Sicherung gefunden werden müssen, solange jedenfalls die Sozialversicherung noch in den Kinderschuhen steckt.

Prof. Dr. Thomas Heberer ist Seniorprofessor für Politik & Gesellschaft Chinas an den Instituten für Politikwissenschaft und für Ostasienwissenschaften an der Universität Duisburg-Essen. Er beschäftigt sich seit der zweiten Hälfte der 1960er Jahre mit China. 1975 reiste er zum ersten Mal nach China. Von 1977 bis 1981 war er als Lektor und Übersetzer am Verlag für Fremdsprachige Literatur in Peking tätig. Seit 1981 führt er regelmäßig Feldforschung in verschiedenen Teilen Chinas durch. In den letzten Jahren beschäftigte er sich in seiner Forschung u.a. mit der sozialen und politischen Rolle von Privatunternehmern, der Rolle von Ideen und Intellektuellen in Politikprozessen, mit dem Aufbau der Nachbarschaftsviertel (*Shequ*), der Rolle ethnischer Unternehmer für lokale Entwicklung und Ethnizität, institutionellem und sozialem Wandel im ländlichen Raum und in den Städten Chinas, mit der Rolle lokaler Kader ("strategische Gruppen") im ländlichen Transformationsprozess, der Funktion des chinesischen Entwicklungsstaates (Developmental State) sowie mit politischer Partizipation.

变了，而且政府的基本职能也彻底转变了，国家职能已经从安置管控变成了以服务为主的社会协助功能。在提供人民社会服务的过程中，党和国家权力的合法性也在不断提升。

现如今，城市社会保障制度对树立国家信任、维护政治制度稳定、确保党的领导的合法性都具有举足轻重的作用。因为现在的中国尚缺乏完善的社会网络和民间社会团体（比如：NGO），所以国家试图将解决问题的任务更多地转移到社区里去。要建立政府的合法性、获得群众的信任，必须在人民群众生活的地方开展工作，并且将工作深入到人民群众中去。这其中就包括转变居委会的职能，要求他们更有效地把握和解决人民的问题。不过居委会面对这些职责已经不堪重负，所以在社会保障制度仍不完善的初级阶段，必须探索出一种长期有效的社会保障方式。

托马斯·海贝勒，杜伊斯堡-埃森大学政治系与东亚研究院中国政治与社会专业资深教授，自20世纪60年代后半期起从事中国问题研究，1975年首次前往中国，1977年至1981年在北京外国文学出版社任编辑和翻译。自1981年起，海贝勒教授定期前往中国不同地区进行田野调查，近年来他主要从事民营企业家的社会政治作用、观念和学者在政治过程中所扮演的角色、社区建设研究、民族企业家对当地发展和少数民族的作用、中国农村地区及城市的机构和社会变迁以及地方干部（"战略群体"）在农村转型过程中所扮演的角色、中国发展性政府的功能、政治代表性等问题的研究。

Eisenheim – die älteste Arbeitersiedlung im Ruhrgebiet

艾森海姆
——鲁尔区最老的工人社区

Nachbarschaft in Eisenheim, um 1975
在艾森海姆毗邻而居，摄于1975年前后

Eisenheim – die älteste Arbeitersiedlung im Ruhrgebiet

Kornelia Panek

Die 1846 gegründete Siedlung Eisenheim in Oberhausen gilt als die älteste Arbeitersiedlung im Ruhrgebiet. In den 1960er Jahre gab es Pläne, die Siedlung abzureißen und durch „zeitgemäße" Hochhäuser zu ersetzen. Eine Bürgerinitiative engagierter Bewohner Eisenheims um den Kunst- und Kulturhistoriker Roland Günter setzte sich dagegen erfolgreich zur Wehr. Seit 1972 steht die Siedlung Eisenheim als erste ihrer Art in Deutschland unter Denkmalschutz.

Arbeitersiedlungen entstanden im 19. und 20. Jahrhundert in vielen europäischen Industrieregionen. In Oberhausen war es die „Hüttengewerkschaft Jacobi, Haniel und Huyssen" (JHH) mit ihrem Hüttendirektor Wilhelm Lueg, die mit dem Siedlungsprojekt Fachkräfte für ihr neu errichtetes Puddel- und Walzwerk gewinnen wollte. Als Anreiz erhielten diese „tüchtigen Meister und Arbeiter rechter Art" einen Arbeitsvertrag, der mit dem Anrecht auf eine Werkswohnung verbunden war.

Weitab von den Fabriken und anderen Wohngebieten entstanden ab 1846 zunächst sieben Meisterhäuser. In einer zweiten Ausbaustufe, mit der die JHH auf die wachsende Belegschaft reagierte, kamen weitere Häuser hinzu, in die neben Hüttenarbeitern nun auch Bergleute der Zeche Osterfeld einzogen. Bis 1903 wuchs die Siedlung Eisenheim auf einen Bestand von 51 Häusern mit rund 200 Wohnungen, in denen ungefähr 800 Menschen lebten. Nicht selten drängten sich daher acht Personen und mehr in den Wohnungen, die zwischen 40 und 60 Quadratmeter groß waren.

Unterschiedliche Bautypen prägten die Siedlung. Die ersten Häuser wurden als Doppelhäuser mit zwei Wohnungen errichtet. In einer späteren Bauphase kamen eineinhalbgeschossige Häuser mit vier Wohnungen hinzu. Mit dem Kreuzgrundriss, der ab 1873 gebaut wurde, rückten die Eingänge an die vier Seiten des jeweiligen Hauses. Dies ermöglichte einen individuellen Zugang zu den Wohnungen. Durchzogen wurde die Siedlung von einem öffentlichen Wegenetz, Gartenparzellen und Stallungen, die der Selbstversorgung dienten. 1912 wurde in einem der Häuser sogar ein Werkskindergarten eröffnet.

Durch die Bombardierungen im Zweiten Weltkrieg wurden mehrere Häuser zerstört, 1965 die verbliebenen Meisterhäuser an der Sterkrader Straße abgerissen. Mit der Kohlekrise der 1960er Jahre verloren auch die Hüttenwerke Oberhausen AG (HOAG), die seit 1945 die Siedlung Eisenheim verwalteten, das Interesse an den veralteten Wohnbauten. Eisenheim sollte abgerissen und eine „moderne" Hochhaussiedlung gebaut werden, die nebenbei auch mehr Profit versprach.

艾森海姆——鲁尔区最老的工人社区
科内莉亚•帕内克

　　1846年建成的位于奥伯豪森的艾森海姆居住区是鲁尔区最古老的工人社区。上世纪六十年代曾有过将住宅区拆除、用"合乎时代精神"的高楼取而代之的计划。一个以艺术和文化历史学家罗兰德•君特为首的艾森海姆居民倡议团体成功地阻止了这项计划。自1972年起艾森海姆住宅区成为德国第一个此类被列为保护对象的文物。

　　在欧洲的许多工业区，工人社区形成于19世纪和20世纪，在奥伯豪森则由"雅可比、哈尼尔和胡伊森冶金工会"（JHH）及冶金厂厂长威尔海姆•吕格共同推动，他们想借此住宅项目为其新落成的搅炼和轧钢车间招募专业人员。作为激励，那些"能干的高级技工和熟练的工人"将得到一份与其住房权益绑定在一起的工作合同。

　　自1846年起，在远离工厂和其他住宅区的地方先是建起了七栋高级技工宿舍，为了应对员工日益增长的情况，JHH在第二阶段的扩建中又加盖了更多房屋，除冶金工人之外，奥斯特菲尔德矿区的矿工们也搬进了这一住宅区。到1913年，艾森海姆社区已扩张至51栋楼、约200套公寓的规模，大约800居民在此生活。八人或八人以上挤在40至60平米的住房里的情形并不少见。

　　式样繁多的建筑给这个社区打上了烙印，最早的房子按独立住宅楼形式建造，内有两套公寓；在后期建设中，出现了包含四套公寓的一层半高楼房，十字形的房屋地基使每套公寓可以拥有独立的入口。公共道路网贯穿整个住宅区，零星的菜园和棚厨满足了居民自给自足的需要。1912年其中一栋楼里甚至还开办了一所职工幼儿园。

　　在二战轰炸中多栋房屋被毁，1965年史特克拉德大街旁幸存的那些高级技工宿舍被拆除。20世纪60年代的煤炭危机令自1945年以来管理艾森海姆社区的奥伯豪森冶炼股份有限公司（HO-AG）也对这些老旧的居民楼失去了兴趣。有人认为艾森海姆应该被拆掉，然后建造一个"现代化"的高楼社区，顺带还能保证更多的利润。

Dies rief den Protest der Bewohner hervor, die sich auf vielfältige Weise gegen die Abrisspläne zur Wehr setzten. 1972 kam Roland Günter mit einer Gruppe Studenten der Fachhochschule Bielefeld nach Eisenheim. Zunächst wollte er „nur" die Siedlung vor ihrem Abriss dokumentieren, kämpfte dann aber mit den Eisenheimern um ihren Erhalt als Wohnort und Ort des sozialen Miteinanders. Dieses Engagement wurde grundlegend für die Industriedenkmalpflege im Ruhrgebiet. Heute stehen neben Eisenheim viele Arbeitersiedlungen unter Denkmalschutz und sind Bestandteil der Route Industriekultur, die auch ein wesentlicher Beitrag zum Tourismus im Ruhrgebiet ist.

Anfang der 1980er Jahre führten die Bemühungen der Bürgerinitiative zum Erfolg. Die Siedlung blieb erhalten und ihre Häuser wurden renoviert. Heute ist Eisenheim ein lebendiger Ort im Grünen mit einer hohen Lebensqualität. Alte Eisenheimer leben hier zusammen mit Neuzugezogenen, Arbeiter zusammen mit Künstlern, Gärtner zusammen mit Taubenzüchtern.

Seit den 1970er sammelten Roland Günter und seine Frau Janne Günter zahlreiche Quellen zur Siedlungs- und Sozialgeschichte Eisenheims. Ein Teil dieses Bestandes, der vor allem das Archiv der Bürgerinitiative betrifft, befindet sich heute im LVR-Industriemuseum, darunter auch zahlreiche Tonbanddokumente mit Interviews einstiger Bewohner der Siedlung. Das Volksmuseum Eisenheim, das in einem ehemaligen Waschhaus unter gebracht ist und in dem Möbel, Alltagsgegenstände und Bilder gezeigt werden, gehört wie eine Museumswohnung seit 1996 ebenfalls zum LVR-Industriemuseum. Es ist heute allen zugänglich, die sich für das Leben und Arbeiten in der ältesten Arbeitersiedlung im Ruhrgebiet interessieren.

Wohnweg in der Siedlung Eisenheim, 2003
艾森海姆居民区的道路、摄于2003年

Kornelia Panek ist gebürtig aus Aachen. Seit 2013 leitet sie das LVR-Industriemuseum St. Antony-Hütte in Oberhausen. Sie studierte Archivwissenschaften, Geschichte und Slavistik in Marburg, Bochum und Simferopol/Krim.
Seit 1998 ist sie für den LVR tätig: Volontariat und wissenschaftliche Mitarbeit im LVR-Freilichtmuseum Kommern, seit 2002 stellvertretende Schauplatzleiterin beim LVR-Industriemuseum in Engelskirchen, 2011 bis 2013 Schauplatzleitung in Engelskirchen.

这引来居民们一片反对，他们用各种方式抵制拆迁计划以捍卫家园。1972年罗兰德•君特带着一批比勒菲尔德应用科技大学的学生来到艾森海姆。起初他"只是"想在社区被拆除前对其进行记录，之后却和艾森海姆当地居民一起为了保留他们的居住地和社交场所而抗争。这份热情成为鲁尔区工业文物保护的基石。今天除了艾森海姆还有许多工人社区被列为文物保护对象，成为工业文化之旅的一部分，它们都为鲁尔区的旅游业作出了重要贡献。

20世纪80年代初市民倡议团体所做出的努力终见成效，社区得以保留，并且这些房屋也得到修缮。如今艾森海姆是绿色掩映下的拥有高生活质量的一片乐土，老艾森海姆人和新居民、工人和艺术家、园丁和养鸽人在这里毗邻而居。

20世纪70年代以来，罗兰德•君特和他的夫人亚娜•君特搜集了大量有关艾森海姆居民区以及社会历史的原始资料，其中主要与市民倡议组织相关的一部分档案现藏于莱茵景观联盟工业博物馆，包括大量对从前社区居民的采访录音。艾森海姆人民博物馆座落于从前的一个洗衣房内，那儿陈列有家具、日常生活用品和图片，它和一个公寓博物馆一样，自1996年起都隶属于莱茵景观联盟工业博物馆。如今，每位对这个鲁尔区最老的工人社区的生活和工作感兴趣的访客都可以来此参观。

科内莉亚·帕内克，出生于德国亚琛，自2013年以来任莱茵景观联盟奥伯豪森圣安东尼炼铁厂工业博物馆馆长。帕内克曾在马尔堡、波鸿和克里米亚半岛的辛菲罗波尔就读档案学、历史和斯拉夫语言与文学专业，自1998年起供职于莱茵景观联盟，先是在联盟旗下的科蒙露天博物馆实习并参与科研工作，2002年起任莱茵景观联盟恩格斯科尔兴工业博物馆场馆副经理、2011至2013年任场馆经理。

Biographie Bernard Langerock

Geboren 1953 in Tielt, Belgien
Lebt und arbeitet seit 1972 in Düsseldorf

Studium:
von 1972 bis 1978
Staatliche Kunstakademie, Düsseldorf
Meisterschüler

Bernard Langerock über Fotografie:
Meine Fotografien erzählen von Menschen und
Strukturen. Sie zeigen Spuren des Lebens auf und
öffnen innere Welten. Als Portrait-, Landschafts- oder
Objektaufnahmen stellen sie neue Sichtweisen dar
und visualisieren das bisher Unsichtbare.

Fotografieren ist für mich das apparative Festhalten
'ergreifender Atmosphären' oder, anders ausgedrückt,
‚situativer Identifikationen'.
Fotografien sind somit das Ergebnis reflektierender
Urteilskraft, sie entstehen als Plakative und entwickeln
sich weiter als versuchte Explikate im Kontext ihrer Zeit.

伯纳德•朗格洛克简历

伯纳德•朗格洛克，1953年出生于比利时蒂尔特，自1972年在杜塞尔多夫生活与工作。

教育经历
1972年至1978年在杜塞尔多夫国家艺术学院习，大师班学员。

伯纳德•朗格洛克谈摄影
我的摄影作品讲述人与结构，揭示生活痕迹，开启内在和外部世界。无论是肖像、风景还是静物影像，均为我们展现了一个新的视角，呈现出迄今为止尚未可见的世界。

因此对我而言，摄影就是用仪器记录感人的氛围，或者换句话说，在情景中寻找认同。也正因为这样，摄影作品是反思判断的产物，它们是一种呈现，但在时代环境下也作为尝试性的阐释行为不断发展。

Ausstellungen:

2017:
TONGYUANJU – Leben und Arbeiten in einer
Arbeitersiedlung in Chongqing, China
LVR-Industriemuseum Oberhausen,
St. Antony-Hütte/Museum Eisenheim
Fotoinstallation

KREUZPHÄNOMENE
Museum Abtei-Liesborn, Wadersloh-Liesborn
Fotoinstallation

KÜNSTLERPAARE
Frauenmuseum Bonn

2016
ERGREIFENDE ATMOSPHÄREN
Lutherkirche, Düsseldorf, Gruppenausstellung

SCHWERKRAFT DER LEICHTEN MATERIALIEN
Onomato Kunstverein, Düsseldorf

2015
STUDIES IN CALLIGRAPHY:
BETWEEN MOVEMENT AND PEACE
Tank Loft 046, Organhaus, Chongqing, China

CHINA - TRANSFORMATIONEN
Kunstverein Region Heinsberg

MOMENTAUFNAHMEN DER REFLEXION –
FOTOGRAFIE UND PHILOSOPHIE
Stadtgalerie Kiel
Fotoinstallation

KREUZPHÄNOMENE
Stiftung Kloster Dalheim, LWL-Landesmuseum
für Klosterkultur, Dalheim

BALANCEN - EINE AUSSTELLUNG MIT
FOTOGRAFIEN AUS CHINA
Die Wolfsburg, Katholische Akademie,
Mülheim an der Ruhr

2014
KREUZPHÄNOMENE
Basiliek van Koekelberg, Brüssel, Belgien
Fotoinstallation

CUT OUT FIGURES
Tongyuanju, Chongqing, China

CHONGQING – CONSTRUCTIONS AND
IDENTIFICATIONS
Organhaus, Chongqing, China

2013
SITUATIVE IDENTIFIKATIONEN
Belgisches Haus, Köln

Publikationen:
Bernard Langerock/Hermann Schmitz,
Momentaufnahmen der Reflexion –
Fotografie und Philosophie
Karl Alber-Verlag, Freiburg/München, 2014

Kontakt:
bernard@langerock-fotografien.de
www.langerock-fotografien.de

作品展

2017

《铜元局——中国重庆一个工人社区的生活与工作》
德国奥伯豪森莱茵景观联盟工业博物馆、艾森海姆
圣安东尼炼铁厂博物馆
图片艺术系列

《交义现象》
德国李斯博恩修道院博物馆、瓦德斯洛-李斯博恩
图片艺术系列

《艺术伴侣》
德国波恩圣母博物馆

2016
《心动的氛围》
德国杜塞尔多夫路德教堂
群展

《轻巧之物的重力》
德国杜塞尔多夫奥诺马托艺术协会

2015
《书法探究：动静之间》
中国重庆器空间工作室，Tank Loft 046

《中国——变形记》
德国海茵斯贝格地区艺术协会

《反思的瞬间——摄影与哲学》
德国基尔市立美术馆，图片艺术系列

《交叉现象》
德国达尔海姆修道院基金会，达尔海姆威斯特法
伦州立修道院文化博物馆

《平衡——中国摄影作品展》
沃尔夫斯堡天主教学会， 德国鲁尔河畔米尔海姆

2014
《交叉表象》
比利时布鲁塞尔科格尔贝格圣心大教堂
图片艺术系列

《被刻出的人形》
中国重庆铜元局

《重庆——构造与身份》
中国重庆器空间工作室

2013
《情境身份》
德国科隆比利时之家

著作
伯纳德·朗格洛克 / 赫尔曼·施米茨：
《反思的瞬间——摄影与哲学》，弗莱堡/慕尼黑
卡尔·阿尔伯出版社，2014年

联系方式
bernard@langerock-fotografien.de
www.langerock-fotografien.de

Impressum

Übersetzungen (alphabetisch): CHEN Jing, CHEN Shukai,
LE Weijing, Prof. Dr. LIU Liang, WANG Xiaolong,
ZHANG Mingming
Layout und Satz: Bernard Langerock
Lektorat deutscher Texte: Drachenhaus Verlag
Lektorat chinesischer Texte: Prof. Dr. LIU Liang, Susanne Löhr

Bildnachweis: Wenn nicht anders angegeben: Bernard
Langerock, Seite 8: Stadtarchiv Düsseldorf , Seite 8, 132 und
136: LVR-Industriemuseum Oberhausen, Seite 86: Ulrike
Langerock, Seite 138: Tim Langerock

Bibliografische Information der Deutschen Nationalbibliothek: Die Deutsche Nationalbibliothek verzeichnet
diese Publikation in der Deutsch Nationalbiografie;
detaillierte bibliografische Daten sind im Internet unter
http://dnb.dnb.de abrufbar

Gedruckt in Polen
ISBN: 978-3-943314-36-0
Lieferbares Programm und weitere Informationen:
www.drachenhaus-verlag.com

Mit freundlicher Unterstützung durch:

出版说明

翻译（以姓氏拼音为序）：
陈晶　陈书凯　乐维婧　刘靓　汪小龙　张明明
版面设计：伯纳德·朗格洛克
德文审校：龙家出版社
中文译文审校：刘靓　乐苏珊

图片说明：
未特别注明出处的图片均由伯纳德·朗格洛克摄制。
第8页：德国杜塞尔多夫市档案馆提供、
第8页、第132页和第136页：奥伯豪森莱茵景观联盟工业
博物馆提供、第86页：德国杜塞尔多夫乌尔里希·朗格
洛克提供、第138页：逖姆·朗格洛克提供

德国国家图书馆文献信息：
该图书已被德国国家图书馆列入出版物清单。
详细信息请登录网站查询：http://dnb.dnb.de

印刷：波兰
ISBN: 978-3-943314--36-0
更多信息请登录网站查询：
www.drachenhaus-verlag.com

本图册编辑出版获：

德国鲁尔都市孔子学院
莱茵景观联盟（LVR）
LVR圣安东尼炼铁厂工业博物馆
友好赞助